D1926862

1781

Von Siegfried Lenz erschienen

Romane:
Es waren Habichte in der Luft (1951) – Duell mit dem Schatten (1953) – Der Mann im Strom (1957) – Brot und Spiele (1959) – Stadtgespräch (1963) – Deutschstunde (1968) – Das Vorbild (1973) – Heimatmuseum (1978) – Der Verlust (1981) – Exerzierplatz (1985) – Die Klangprobe (1990) – Die Auflehnung (1994)

Erzählungen:
So zärtlich war Suleyken (1955) – Jäger des Spotts (1958) – Das Feuerschiff (1960) – Lehmanns Erzählungen (1964) – Der Spielverderber (1965) – Leute von Hamburg (1968) – Gesammelte Erzählungen (1970) – Der Geist der Mirabelle (1975) – Einstein überquert die Elbe bei Hamburg (1975) – Ein Kriegsende (1984) – Das serbische Mädchen (1987) – Ludmilla (1996)

Szenische Werke:
Zeit der Schuldlosen (1962) – Das Gesicht (1964) – Haussuchung (1967) – Die Augenbinde (1970) – Drei Stücke (1980)

Essays und Gespräche:
Beziehungen (1970) – Elfenbeinturm und Barrikade (1983) – Über das Gedächtnis (1992) – Gespräche mit Manès Sperber und Leszek Kolakowski (1980) – Über Phantasie: Gespräche mit Heinrich Böll, Günter Grass, Walter Kempowski, Pavel Kohout (1982)

Ein Kinderbuch:
So war das mit dem Zirkus. Mit farbigen Bildern von Klaus Warwas (1971)

Siegfried Lenz

Über den Schmerz

Essays

Hoffmann und Campe

Die Deutsche Bibliothek – CIP-Einheitsaufnahme
Lenz, Siegfried:
Über den Schmerz : Essays / Siegfried Lenz. – 1. Aufl. –
Hamburg : Hoffmann und Campe, 1998
ISBN 3-455-04258-9

Copyright © 1998 by Hoffmann und Campe Verlag, Hamburg
Schutzumschlag- und Einbandgestaltung: Werner Rebhuhn
Gesetzt aus der Janson
Satzherstellung: Fotosatz Otto Gutfreund GmbH, Darmstadt
Druck- und Bindearbeiten: Graphischer Großbetrieb Pößneck
Printed in Germany

Inhalt

Über den Schmerz

Ein Bild meines norwegischen Lieblingsmalers Edvard Munch heißt »Der Schrei«. Dargestellt ist eine Frau mit haarlosem Kopf, mit einem Gesicht, das äußerste Abwehr verrät: ein Auge ist geschlossen, die großen Hände bedecken die Ohren – so, als dürfte kein Geräusch der Welt in sie eindringen –, und der Mund ist weit aufgerissen in unerhörter Qual. Die Frau steht am Geländer einer Holzbrücke, vor den dunklen Ufern eines Fjords, auf dem, schattenhaft, zwei Schiffe ankern; aus dem Hintergrund nähern sich ihr hochgewachsene, strenge Gestalten. Auf den ersten Blick deutet nichts auf den Grund hin, der den Schrei auslösen könnte; wir sind unseren Mutmaßungen überlassen. Der Schrei, als kreatürlichste Manifestation des Schmerzes, erscheint rätselhaft, zumindest interpretierbar: wir könnten ihn ebenso als verspätete Reaktion auf eine unheilvolle Nachricht begreifen wie als Ausdruck einer überwältigenden Not verstehen, die gerade erkennbar geworden ist. Der Maler indes hat den Schrei auf seine Art begründet; er, dessen Religion die Verzweiflung war, hinterließ uns nur eine Möglichkeit des Verstehens: auf einem abendlichen Gang am Fjord erkannte er »feurige Zungen« am Himmel, sah Wolken wie »geronnenes Blut«; allein, wie er bekannte, und bebend vor Angst, vernahm er den »größten Schrei der Natur«. Nach diesem Bekenntnis des Malers, nunmehr vertraut mit dem Schmerz seiner Wahrnehmung, wird auf einmal klar, daß es nicht allein der Schrei der Frau ist, den wir beim Betrachten des Bildes vernehmen; vielmehr scheinen auch die Farben zu schreien und das Entsetzen und das Leiden wiederzugeben, die die Gestalt beherrschen. Und der Schrei der Natur: er läßt allem Anschein nach nur das eine Dilemma erkennen, das unser Leben kennzeichnet, das Dilemma von Ewigkeitstraum und Endlichkeit des Daseins. Wir entdecken eine Selbstbestimmung ohne Hoffnung, und der Schmerz, der uns heimsucht, ist nicht nur allgemein gültig, sondern auch allgegenwärtig. Der Schmerz wird zum existentiellen Erlebnis.

Jeder kennt seine Wirkung, jeder weiß, wozu er uns bringen kann. Wir schreien, wimmern und weinen vor Schmerz, wir stöhnen und ächzen, jammern und klagen, zittern und beben, der Schmerz verschlägt uns die Sprache und läßt uns tanzen, er läßt uns hadern und zerreißt uns, er entstellt uns und – Heinrich Heine hat's gesagt – verklärt uns mitunter. Es ist klar, eine Empfindung, die sich, wie die Sprache belegt, so variationsreich manifestiert, hat zahlreiche Aspekte, sensorische nicht weniger als emotionelle. Psychologie und Neurologie, Anästhesie und klinische Medizin haben uns das Funktionssystem des Schmerzes verstehen gelehrt. In dem Wunsch, den pathologischen Schmerz zu lindern oder zu beseitigen, haben auch die Pharmakologie und die Physiologie ihren Beitrag geleistet. Einer eigenen Schmerzforschung verdanken wir die Kenntnis von Rezeptoren und Mediatoren, die, sobald sie durch nervliche oder chemische Reize in Erregung geraten, die Informationen an unser Gehirn weiterleiten. Sie gelangen dorthin über unsere Rückenmarksbahnen, die ein Geflecht von Fasern bilden, von Nervenfasern. Ein Muster von sensiblen Hautregionen gibt die Impulse an die Fasern ab, im Gehirn werden sie zusammengefaßt und, nachdem sie einige Wandlungen erfahren haben, dechiffriert.

Doch obwohl die Schmerzforschung zu erstaunlichen Ergebnissen gekommen ist, geben Wissenschaftler zu, daß es für die außergewöhnliche und mannigfaltige Erfahrungsqualität »Schmerz« noch keine zufriedenstellende Begriffsbestimmung gibt. Zu kompliziert sind die Wahrnehmungen, zu vielschichtig Ursachen und Auslöser. Der Schmerz als Erlebnis ist mehrdimensional, er ist,

wie ein Forscher feststellte, nicht nur ein Problem, sondern auch ein Geheimnis. Dem reichen Spektrum seiner Wirkungen entspricht die Skala der Empfindungen, die der Schmerz in uns auslöst. Der eine empfindet ihn als stechend, reißend und hämmernd, der andere als brennend, pochend und schneidend, dieser von uns erfährt ihn als marternd, erschöpfend und lähmend, jener als durchstoßend und mörderisch. Auch hier belegt die Sprache, wie variabel die Empfänglichkeit unserer Sinne ist. Als was immer uns der Schmerz erscheint, ob wir ihn als Symptom oder Syndrom verstehen, ob wir ihn als Warner oder Heimsuchung begreifen, er ist ein Urphänomen, ist an den Menschen gebunden, einfach, weil unser Leben verletzlich ist. Du kannst den Gedanken nicht ertragen, heißt es bei William Faulkner, daß es dir einmal nicht mehr weh tut – und damit ist nichts anderes gesagt, als daß es der Schmerz ist, der uns des Lebens inne werden läßt.
Während die zeitgenössische Forschung die Entstehung von Schmerz als »multipel determiniertes Regelkreisgeschehen« bestimmt, hat der Volksmund eigene Entstehungsursachen namhaft gemacht. Wir kennen den Trennungsschmerz und den Schmerz der Enttäuschung, uns ist der Liebesschmerz vertraut und der Seelenschmerz, und befördert durch Imagination, haben wir auch den singulären Schmerz erfahren, den uns Erinne-

rung, den uns Geschichte bringt. Er steigt aus Erfahrungen auf, denen keine physische, keine Gewebsverletzung zugrundeliegt; dennoch ist seine Gewalt so groß, daß wir sie auch körperlich erleben. Das Schaudern vor den Möglichkeiten des Menschen kann eine ganze Existenz gefährden.

Als Schriftsteller hat mir seit je der Schmerz zu denken gegeben, der aus der Sprachnot, aus der Verständigungsnot entsteht. In eine extreme Situation gestoßen, stellen wir auf einmal fest, daß wir der Welt nicht gewachsen sind, weil wir uns nicht verständlich machen können. Plötzlich sind wir nicht mehr in der Lage, unsere Wünsche, unsere Mißgeschicke, unsere Bitten zu erklären, können uns weder rechtfertigen noch Zeugnis ablegen. Wer die Bitternis des Exils erfahren hat, wird sich gewiß an Augenblicke erinnern, in denen ihn ein exemplarisches Gefühl der Fremdheit überkam, der Wehrlosigkeit und sogar der Demütigung. Zu jeder erwarteten Auskunft bereit, muß der Exilant feststellen, daß er sich nicht kundgeben kann. Wer sich aber selbst nicht erklären kann, der verliert in den Augen der Welt seine Individualität: er wird hilflos, wird wie jener Gregor Samsa in Kafkas Novelle »Die Verwandlung«, der, zu einem Insekt geworden, die mediale Erkenntnis veranschaulicht, anonymen Instanzen ausgeliefert zu sein. Als Demütigung seltener Art erweist sich dabei die Tatsache, daß man nicht einmal dem emp-

fundenen Schmerz einen angemessenen Ausdruck geben kann. Wortlose Unterwerfung und Depression sind die Folgen. Alles war vergeblich; Leben lief – nach einem Wort Polgars – auf den Versuch hinaus, das Meer zu pflügen.
Zu welch einem Schmerzerlebnis die Sprachnot führen kann: wir haben es auch in manchen Gerichtsprozessen erfahren, in denen Zeugen aufgerufen wurden, die Martern zu bestätigen, die sie durch Menschen erlitten haben. Jahre und Jahrzehnte nach ihrem Gang durch die Hölle, oft genug im Angesicht der Schergen, bemühten sie sich, Zeugnis abzulegen über das, was sie gesehen, gehört, an sich selbst erfahren haben. Erinnern heißt ja auch vergegenwärtigen, und nicht alle, die sich bereit fanden, auszusagen, waren darauf gefaßt, daß bei einer Wiedererweckung des Vergangenen das erduldete Leid mit unerwarteter Heftigkeit zurückkehren könnte. Mit jedem Wort, mit jeder Schilderung brach ein alter Schmerz auf, der wuchs und sich sowohl körperlich als auch psychisch manifestierte. Die Sprache versagte sich; sie reichte nicht aus, um das Erlebte angemessen wiederzugeben, obwohl ein begleitendes Bewußtsein dazu bereit war. Unsicherheit entstand. Im sicheren Besitz aller Zeugnisse und dennoch unfähig, sie zu artikulieren, schwand das Selbstvertrauen, und nicht nur dies: ein plötzlicher Zweifel regte sich, ob sich das Entsetzliche, das man überstan-

den hatte, jemals so darstellen ließe, daß es in seiner Gesamtheit zum Vorschein käme und dann noch glaubwürdig wäre. Primo Levi zitierte einen Schergen, der seinem Opfer in abgründigem Zynismus riet, ruhig hinzugehen und alles zu berichten, was er erlebt hat – die Welt würde es ihm nicht glauben. Wir haben die Reaktionen auf diese Sprachnot kennengelernt; überwältigt von einem Schmerz über das Nicht-Sagbare, äußerten sie sich in Zusammenbrüchen, in Weinkrämpfen, mitunter in einem Rückzug auf versteintes Dasein.

Da jede bewußte Wahrnehmung mit einem Gefühl verbunden ist – oder doch ein Gefühl in uns hervorruft –, hat ein empfundener Schmerz auch eine affektive Dimension. Keineswegs erleben wir ihn nur über die Haut. Einem Ereignis, einer Situation, einem Menschen gegenüber ein Gefühl aufzubringen, heißt zunächst nur, daß unser Bewußtsein nicht mit Gleichgültigkeit reagiert. Ein entstehendes Interesse führt uns dann aber zu Nähe oder zur Anteilnahme, führt zur Selbstversetzung: aus dem Gefühl wächst die Erkenntnis, daß wir mit im Spiel sind. Vielleicht ist es nur eine Erkenntnis, die zunächst im sinnlichen Denken ruht, gleichwohl löst sie etwas in uns aus, läßt Trauer entstehen, Erbitterung oder Mitleid. Wir sind motiviert. Wir vertiefen uns zum Beispiel in die Folgen eines Sprachenstreits oder eines Glaubenskriegs im heutigen Europa und kommen zu dem Fazit, daß hier die Vernunft dispensiert wird. Wir werden zu Mitwissern einer erbarmungslosen ethnischen Gewaltaktion und gestehen uns ein, daß hier der Geist der Humanität verhöhnt wird. Gleichzeitig aber empfinden wir einen eigentümlichen, nicht lokalisierbaren Schmerz, der uns allmählich unterwandert und in Fassungslosigkeit erstarren läßt: wir bemerken, daß es ein Schmerz über uns selbst ist, ein Schmerz der Enttäuschung über den Menschen. Seine Stärke, die im Zentralnervensystem bestätigt wird, ist abhängig von unserer eigenen Lage, von unseren kognitiven Möglichkeiten und der Bereitschaft, das, was Menschen tun, zu unserer Sache zu machen – und insbesondere das, was sie einander zufügen. Es schnürt uns das Herz zusammen. Einmal mehr zeigt sich der Signalcharakter des Schmerzes, und wer ihm aufmerksam genug nachdenkt, wird vielleicht auch seine Appellhaftigkeit erkennen.

Wie komplex die Mechanismen des Schmerzes sind und wie rätselhaft: die Literatur mit ihrem unerschöpflichen Fundus an dargestellter Welterfahrung beweist es uns zur Genüge. Kein Leiden, das nicht in ihr aufgehoben, keine Not, die nicht in ihr bewahrt, kein Schmerzerlebnis, das nicht in ihr überliefert worden ist. Schandtaten und vergebliche Träume, Verhängnisse und bleibende Verletzungen, Irrtümer und folgenschwere Verblendungen: in der Literatur ist gespeichert, was uns letzten Aufschluß über den Menschen gibt. Und vielleicht ist dies ihre wichtigste Aufgabe und ihr prekäres Privileg: erlittenes Dasein vor dem Vergessenwerden zu bewahren, auch wenn dabei das Bild des Menschen verdunkelt wird. Bewahren in der Literatur heißt freilich auch, einem Charakter oder einem Problem übertragbare Qualität zu verleihen. Zwar sind wir bereit, alles aus seiner Zeit zu verstehen, doch unwillkürlich entdecken wir, daß es Erscheinungen und Probleme gibt, die nicht altern, die uns auf die Probe stellen und die uns unsere Lage erkennen lassen wie die Menschen vor zweitausend Jahren die ihre. Die überlieferten archetypischen Konflikte der Literatur heben die Zeit auf. Seine Wange an den Stein geschmiegt, wird Sisyphos ihn immer zum Gipfel hinaufstemmen und, wie Camus meint, ein kurzes Glück empfinden, wenn er dem hinabgerollten Brocken folgt. Hamlet wird niemals aufhören, das Zaudern vor weitreichenden Entschlüssen zu legitimieren. Rücksichtslos gegen seine Mannschaft, wird Kapitän Ahab uns für alle Zeit vor Augen führen, welche Opfer gebracht werden müssen, um den Weißen Wal der Träume zu erlegen. Und auch sie, die gehorsame Tony Buddenbrook, die uns das Erbarmungslose in den Konventionen der bürgerlichen Welt vorführt, wird für immer den klassischen Konflikt zwischen Pflicht und Neigung personifizieren.

Auch wenn wir die Genannten in zeitlicher Ferne erblicken: in einem blitzhaften Schmerz der Erkenntnis erfahren wir, daß ihre Auflehnung, ihr schicksalhaftes Schwanken, daß der vergebliche Traum und der Gehorsam gegen die Konvention zum Menschen gehören und darum auch uns betreffen. Es mag erstaunlich klingen, doch die Lebensmodelle, die die Literatur uns anbietet, sind nicht sehr zahlreich; dennoch können wir gewiß sein, daß unsere eigenen Probleme und Konflikte bereits dargestellt sind. Sie sind dargestellte Wahrheit, und um gewisse Wahrheiten auf uns zu nehmen – beispielsweise die Unsinnigkeit einer Koalition gegen den Tod – müssen wir schmerzbereit sein. Der Akt der Augenöffnung kann ein Leidensgrund sein: mit dem Licht fällt Schmerz in uns ein, und zwar ein nicht körperlicher Schmerz, der unsere Existenz erschüttert. Wir haben einen Zustand tragischer Klarheit erreicht; die Fragwürdigkeit unserer Entwürfe wird uns ebenso bewußt wie die Rolle, die wir spielen. Erkenntnis führt auch dazu, daß wir uns um Hoffnungen betrogen fühlen: hatten wir nach den Lektionen der Geschichte noch geglaubt, daß ein gewandelter Mensch am Horizont erscheinen würde, so müssen wir uns heute verzagt eingestehen, daß diese Hoffnung vergeblich war: immer noch sind wir es, die unseresgleichen Schicksale bereiten, untragbare Schicksale.

Literatur läßt uns nicht nur den umfassenden Problemhaushalt des Menschen erkennen, sie überliefert uns – wunderbarerweise – auch den Schmerz, den die Autoren aller Zeiten empfunden haben. Dieser Schmerz, den Dostojewski spürte, als er den Fürsten Myschkin mit seiner Botschaft der Nächstenliebe betraute – er erreicht uns immer noch, wir nehmen ihn auf. Beklommenen Herzens sehen wir zu, wie der »Idiot« als reiner Missionar des Mitleids auf eine Gesellschaft trifft, die in krudem Egoismus allein auf die Macht und die Gewalt des Geldes setzt. Seine Demut, seine Brüderlichkeit, seine Neigung, sich selbst zu beschuldigen, tragen ihm nur Spott und Geringschätzung ein. Weil er nicht aufhört, in jedem Menschen nur Gutes zu finden, hält man ihn für eine Abnormität. Wir nehmen es zur Kenntnis, wir heben den Blick und müssen uns sagen, daß die Welt jederzeit einem »vollendeten Menschen« mißtrauen wird – denn Dostojewski wollte im »Idioten« nichts weniger, als einen vollendeten Menschen schaffen –, einfach, weil sie die unterwandernde Kraft seiner Tugend fürchtet.
Selbst Don Quijote, der unsterbliche Kämpfer gegen Windmühlen und Schafherden, läßt noch einen sonderbaren Schmerz in uns zurück. Er, der auf ritterliche Weihen aus ist, die in einer veränderten Welt nicht mehr zu bekommen sind, beweist uns für immer, daß wir eine eingeborene

Schwäche haben für alles, was uns erhebt, erhöht, herausragen läßt. Um dieser Schwäche nachzugeben, verkennt er die Realität und gibt nicht nur sich selbst, sondern auch seinen Stand der Lächerlichkeit preis. Ein lächerlicher Mensch aber wird immer mein Mitgefühl finden, und die Lehren der Erkenntnis, die ihm eingebläut werden, lassen auch mich nicht ohne schmerzhafte Anteilnahme.

Der Schmerz als Lebensbegleiter hat den Menschen zu allen Zeiten genötigt, sich mit ihm zu befassen; nicht allein Schriftsteller und Philosophen, sondern auch Theologen und bildende Künstler haben ihn, überwältigt von seiner heimsuchenden Macht, zu bestimmen versucht. Es überrascht nicht, daß er im Laufe der Jahrhunderte verschiedenartig bestimmt wurde, und daß der Ausdruck, den man dem Schmerz in einer Epoche gab, nicht für immer Gültigkeit hatte. Fast kann man sagen, daß der Umgang mit dem Schmerz auch seine eigene Geschichte hat.

Wir erinnern uns an unsere Homer-Lektüre, rufen uns noch einmal die Helden und Krieger ins Gedächtnis, die so viele Beispiele von grimmiger Tapferkeit gaben. Welche Muskelpakete, welche kühnen Dreinschläger. Und doch, wenn diese Abziehbilder der Kühnheit selbst eine Wunde empfingen, glitten sie nicht, ihren Schmerz verbeißend, stumm zu Boden. Anders als die verhärteten

Germanen, die sich eines Wehlauts schämten und gewaltsam unterdrückten, was ihnen Pein bereitete, äußerte der griechische Held freimütig seinen Schmerz. Er jammerte und klagte, weinte und schrie und beleidigte und verfluchte obendrein die, denen er den Schmerz zu verdanken hatte. Er, dessen strahlende Biographie Legendenstoff abgeben könnte, bestätigte im Augenblick des Leidens nichts anderes als die menschliche Natur: er war einer von allen. Keine verzweifelte Selbstbeherrschung, keine gefühllose Abrichtung, keine Spottlust über den Tod, sondern das offene Eingeständnis: mich hat der Schmerz.

Es wundert daher nicht, daß auch auf der Bühne des antiken griechischen Theaters gewinselt und geklagt wurde und daß das Theater widerhallte von Schmerzensschreien. Sophokles gab dem Leidenden sein Recht, indem er dem Schauspieler die elementarsten Reaktionen auftrug. Sein Philoktet, dem die Folgen des Schlangenbisses zusetzen, und sein sterbender Herkules fanden das Mitleid des Zuschauers eben auch dadurch, daß sie sich unbeherrscht, daß sie sich menschlich äußerten.

Gewiß, der viel interpretierte Laokoon zeigt auch eine andere Einstellung gegenüber dem Schmerz. Unter den erstickenden Windungen der Schlangen, die Muskeln äußerst gespannt und vermutlich schon den Einfluß des Giftes spürend, öffnet Laokoon seinen Mund. Was er hervorstößt, was ihm in

seiner Qual gelingt, ist jedoch nur – Lessing hat es beispielhaft gezeigt – ein Seufzen, ein Stöhnen, jedenfalls nicht der Schrei, der seine Qual bestätigt. Und Lessing hat auch begründet, warum der erwartete Schmerzensschrei in diesem Fall nicht auf Laokoons Gesicht ablesbar werden durfte. Er verwies auf das Schönheitsideal des griechischen Bildhauers in der Antike, er argumentierte ästhetisch. Dem Auge das Äußerste zeigen, sagte er, heißt der Phantasie die Flügel binden. Laokoon darf also nur seufzen, damit wir ihn in unserer Einbildungskraft schreien hören. Mitleid mit ihm kann nur aufkommen, wenn Schmerz und Schönheit zugleich offenbar werden; der Schrei hätte sein Gesicht zu sehr entstellt und etwas erregt, was der Künstler nicht hervorrufen wollte: Unlust.
Gleichwohl, welch ein Unterschied zu den bekennenden Schmerzäußerungen der Alten und der Einstellung, die eine sogenannte aufgeklärte Gesellschaft dem Schmerz gegenüber hatte. Mit Verblüffung erfahren wir, daß zum Beispiel im 18. Jahrhundert gezeigter Schmerz als Unhöflichkeit bewertet wurde, zumindest in gewissen Kreisen. Gefühle zu zeigen, galt bereits als anstößig, und wer seinen Empfindungen freien Lauf ließ, wurde des Grobianismus bezichtigt. Adam Smith dekretierte sogar, daß öffentlich gezeigter Schmerz den Anstand verletze. In seiner »Theory of Moral Sentiments« behauptet er: »Aus diesem Grunde ist

nichts unanständiger und eines Mannes unwürdiger, als wenn er den Schmerz, auch den allerheftigsten, nicht mit Geduld ertragen kann, sondern weint und schreit.« Ich möchte nicht wissen, um wieviel Schmerzerleichterung Adam Smith seine Zeitgenossen gebracht hat, die seiner Behauptung zustimmten. Und ich möchte ebensowenig wissen, wie sich auf die normierten Selbstbeherrscher eine Störung auswirkte, die Sigmund Freud die »Wiederkehr des Verdrängten« nannte. Den Schmerz zu leugnen, ihn zu bemänteln und unter Haltungen zu verbergen, hat auf längere Sicht noch nie dazu geführt, ihn folgenlos aus dem Leben zu verbannen. Er wird, ähnlich wie Horaz es von der Natur sagte, durch eine Hintertür wieder zurückkehren. Abgesehen davon: niemand, der seinen Schmerz eingesteht, büßt in meinen Augen das ein, was man unter Würde versteht.

Unser Zeitalter, das für sich in Anspruch nehmen kann, sogar eine Kosmetik des Todes erfunden zu haben, offenbart, zumindest was den körperlichen Schmerz angeht, ein eigentümliches Verhalten. Wir denken bei dem Wort Schmerz nicht an schicksalhafte Schickung, erinnern uns nicht seiner etymologischen Wurzeln – poena/Pein –, statt dessen empfinden wir den Schmerz als unwillkommene Beeinträchtigung unseres Lebensgefühls. Manche Ärzte können bestätigen, daß der Schmerz von vielen Patienten als lästig angesehen wird, jedenfalls dann, wenn er noch keinen angstauslösenden Signalwert besitzt. Ihn rasch zu beseitigen, um auf bewährte Funktionshöhe zu kommen, ist daher das naheliegende Ziel. Als gut unterrichtete Kostgänger der Pharmaindustrie wissen wir auch oft genug, uns selbst zu helfen: in der Erwartung auftretender Schmerzen medikamentieren wir uns nach Gutdünken. Jedoch, auch wenn es uns gelingt, den Schmerz zu vermeiden, die Angst vor ihm, die Algophobie, bleibt.

Charakteristisch für unsere Zeit ist das Bemühen, das persönliche Leiden zu verbergen, es nur hinter einem Schirm geschehen zu lassen, in der Anonymität von Hospitälern oder in der Verschwiegenheit ärztlicher Praxen. Fast hat es den Anschein, als sollte der Gesellschaft erspart werden, was sie an etwas Unerträgliches erinnert: erduldete Pein, die wir zur Kenntnis nehmen, könnte uns peinlich berühren. Persönliche Schmerzerlebnisse gehen die Öffentlichkeit nichts an; falls sie ans Licht kämen, könnten wir – da ja die meisten von uns zu Markte stehen – unseren Schätzpreis einbüßen. Schon hat ein Hohes Gericht entschieden, daß ein über längere Zeit hin leidender Mensch einem Unternehmen nicht zuzumuten ist. Die nicht ausgesprochene, aber geltende Parole fordert den schmerzfreien Menschen, und dieser illusionären Losung versuchen wir nachzukommen.

Betrachtet man die Mannigfaltigkeit der Ursachen, die uns heute Schmerzerlebnisse bereiten, dann wird man gewahr, in welch einer Zeit wir leben, ja, ich möchte sagen, daß man die Gegenwart auch verstehen lernt, indem man sich mit ihren Schmerzquellen befaßt. Zahlreich sind insbesondere die seelischen Faktoren, die chronische körperliche Schmerzen entstehen lassen; sie verweisen auf Lebensprobleme der umfassendsten Art. Da spielt die Arbeitswelt ebenso eine Rolle wie die familiäre Bindung, da üben existentielle Ängste nicht weniger eine Wirkung aus als Gewissenskonflikte. Aber man erfährt auch mit Erstaunen, daß neben dem Schmerz, den die Wahrheit bereitet, ein nationaler Schmerz existiert, der durchaus, wie der Wissenschaftler sagt, einen »somatischen Ausdruck eines ungelösten psychischen Schmerzes« finden kann. Dies Leiden entsteht zum Beispiel, wenn der einzelne bereit ist, sich mit seiner Nation zu identifizieren – mit allem, was Geschichte und Gegenwart ihm auferlegen. Trauer und Unversöhnlichkeit, Enttäuschung und begriffene Macht- und Wehrlosigkeit können hier ein Schmerzempfinden hervorrufen, das zu einem dauernden Lebensproblem wird. Dies eigenartige Schmerzempfinden führt nicht allein zu Klage und Depression, sondern auch zu Aggression: wir werden uns unserer Ohnmacht bewußt und erliegen dem Reiz, zu hassen – einfach, weil wir erfahren müssen, mit welcher Gleichgültigkeit die Zeit über die Leiden der Opfer hinweggeht und wie leicht es ihr anscheinend fällt, die Grundsätze menschlicher Gesittung außer acht zu lassen. Unversöhnt nehmen wir den Schmerz in Kauf.

Da ein gewisser Schmerz nun einmal auf jeden wartet, ist es nur verständlich, daß wir uns seit jeher dem Ziel widmeten, ihn zu bewältigen. Bewundernswert, was die Medizin bei der Schmerzbewältigung geleistet hat, aufschlußreich, welchen Versuchungen der einzelne nachgab, um seinen Leiden zu entkommen, ich denke zum Beispiel an die komfortablen Fluchtwelten östlicher Philosophie. Daß zur Bewältigung des Schmerzes aber auch die Vorbereitung auf sein unweigerliches Auftreten gehören kann: sogenannte Naturvölker haben mannigfache Beispiele dafür gegeben. Um die Grenzen des Aushaltbaren zu erkunden – und um sich mit dem Erlebnis des Schmerzes vertraut zu machen –, haben sie sich bereitwillig Wunden zugefügt. Sie haben sich Wangen und Lippen durchbohrt, haben sich eiserne Haken ins Rückenfleisch gestoßen, sie sind durch glühende Holzfeuer gegangen und haben Fingerkuppen geopfert: Zelebranten des Schmerzes, die in ekstatischer Benommenheit einen Beweis für gewonnene Unempfindlichkeit geben wollten. Sie wurden geachtet. Sie wurden gefeiert; und wie beim indischen Hakenschwung-Zeremoniell bat man den, der dem Schmerz sichtbar widerstand, um seinen Segen. Er hatte demonstriert, daß das, was das Leben bereithielt, wenn nicht zumutbar, so doch aushaltbar war: er war vorangegangen auf einer via dolorosa und hatte zu erkennen gegeben, wie hilfreich die Vorbereitung auf den Schmerz ist, auf ein Ereignis, das auch unsere Wahrnehmung der Welt beeinflußt. Schopenhauer hat es als Erwägung formuliert: Wenn unser Leben endlos und schmerzlos wäre, sagte er, würde es vielleicht doch keinem einfallen, zu fragen, warum die Welt da sei und gerade diese Beschaffenheit habe.

In der Tat, der Schmerz ist auch geeignet, unsere Wahrnehmung zu schärfen, und mitunter verdanken wir ihm einen Zuwachs an Erkenntnis. Wir stellen fest, daß Vorläufigkeit und Unsicherheit zu unserem Dasein gehören. Und nicht nur dies: durch den Schmerz entdecken wir den andern, den Mitleidenden, wir werden gewahr, daß wir nicht allein sind, jeder nur ein Fremder, der sich im Gegensatz zur Welt befindet. Unser Bewußtsein erweitert sich: wir sind bereit, die Weisheit John Donnes anzuerkennen und ihm darin beizupflichten, daß, wenn die Totenglocke für einen läutet, sie es gleichzeitig auch für jeden von uns tut. Unter Schmerzen sind wir nicht bereit, alle Erfahrungen als gleichwertig anzusehen; vielmehr gelangen wir in den Besitz einer Wahrheit, die vieles andere als unwesentlich erscheinen läßt. Es ist die Wahrheit eines befristeten In-der-Welt-Seins.

In-der-Welt-sein aber heißt, vielfältigen Leiden entgegen zu leben.
Es gibt menschliche Gemeinschaften, in denen es zur Regel gehört, daß, wenn eine Frau ein Kind gebärt, der Mann sein Lager aufsucht in dem Wunsch, die Schmerzen der Gebärenden zu teilen. Er wimmert, er stöhnt und windet sich, seine Selbstversetzung bringt ihn dazu, Schmerzen zu wecken und zu empfinden, die Qual kann so unerträglich werden, daß er sogar besinnungslos wird. Welch eine Haltung, die nicht allein eine tiefe Solidarität im Schmerz zu erkennen gibt, sondern auch die Wahrheit aufschimmern läßt, daß In-der-Welt-sein bedeutet, Leben aushalten zu müssen. Und wie umfassend das verstanden werden kann, hat Zvi Kolitz bekenntnishaft geäußert, als er sagte: Nimm die Tageszeitung – jeder Tag ist eine Wunde.
Abgeneigt, jedem Ding, jedem Ereignis einen Sinn zu unterlegen, skeptisch gegenüber Mystifizierungen, argwöhnisch gegen einen feierlichen Irrationalismus, der vom Adel des Leidens spricht, möchte ich lediglich sagen, daß der Schmerz naturgegeben ist. Er ist ein Seinsereignis, das zum Menschen gehört, und je länger wir über ihn nachdenken, desto entschiedener rät uns die Vernunft, ihn nicht allein als Unheil zu betrachten. Wenn wir ihn mit gelassener Aufmerksamkeit bestimmen, zeigt es sich, daß er auch einen Offenbarungs-

charakter hat: er eröffnet uns nicht nur unsere Ohnmacht und Verletzlichkeiten, sondern läßt uns auch eine tröstliche Möglichkeit der Existenz erkennen – die Möglichkeit einer Bruderschaft im Schmerz.

Von der Wirkung der Landschaft auf den Menschen

Landschaft gibt es nicht ohne den Menschen. Ohne unseren Blick, unsere Empfindungen, ohne unsere Unruhe und unsere Sehnsucht wäre das, was Landschaft genannt wird, nur ein charakteristischer Ausschnitt der Erdoberfläche. Diese ernste Zypressenlandschaft, diese von Felsen eingeschlossene Bucht, diese bewaldete Insel im See: hätte ein suchendes Auge sie nie erblickt, sie wären lediglich das Resultat entwicklungsgeschichtlicher Prozesse, oder, in lapidarer Abstraktheit, eine Ansammlung biotischer Geofaktoren. Unter schöpferischem Aspekt entsteht Landschaft also zweimal: bestimmt von Zufall und Notwendigkeit, formt sie sich anfänglich als autonomes Gebilde, das nur für sich ist – und sie wird von neuem erschaffen durch die Erlebnisfähigkeit des Menschen. Ob wir ihr gegenüberstehen oder aus ihr rausgucken: Landschaft entsteht durch uns; indem wir ihre Wirkungen registrieren, erkennen wir ihr einen Wert zu, eine auf uns bezogene Bedeutung. Diese Wirkungen spürt jeder, der offenen Sinnes ist,

spürt sie als Echo, als Gleichnis, oder, wie der Maler Horst Janssen, als »panisches Mirakel«. Dadurch, daß wir sie auf vielfältige Weise erleben, bringen wir Landschaft noch einmal hervor – besänftigt oder verängstigt, in ekstatischer Stummheit oder beglückt von Harmoniegefühl.
Landschaft – und ich meine zunächst Naturlandschaft – hat dem Menschen seit je das Angebot gemacht, in ihr die Chiffren seines Daseins zu sehen. Viele Zeugnisse der Literatur und der bildenden Kunst bestätigen es; sie belegen außerdem, daß von der Landschaft eine erweckende Kraft ausgeht, die sich sowohl an das Gefühl als auch an den Geist wendet. Wozu sie schon früh inspirierte, war vor allem dies: sie bot sich an als Ort wesentlicher Ereignisse. Sie taugte zum erwählten Illusionsraum mythischer, göttlicher, historischer Begebenheiten. Hier, in diesem Talkessel, in zitternder Mittagsglut, ist Pans Flöte zu hören; hier, in erwartungsvoller Bodenseelandschaft, geschieht »Petri Fischzug«, und hier, die beiden Felsen im Wasser, diese gigantischen Wurfgeschosse bezeugen den Herrschaftszwist nordischer Gottheiten. Dem legendären Geschehen wurde ein Handlungsort gefunden beziehungsweise zugewiesen – in einer Landschaft, die das Geschehen möglich sein ließ. Auch wenn sie auf frühen Darstellungen oft nur als dekorative Staffage erscheint – der erweckende Charakter der Landschaft ist unübersehbar.

Um Landschaft erleben, um ihre Wirkung erfahren zu können, bedarf es offenbar gewisser Voraussetzungen. Damit sie etwas in uns hervorruft – eine Stimmung, ein Gefühl oder gar eine Erkenntnis –, müssen wir uns in sie versetzen; wir müssen etwas hinzusehen: uns selbst mit unserer Befindlichkeit, mit unserer Geschichte. So nur können wir sie als unser Komplement erfahren; Landschaft wird – nach Goethe – »der eigentliche Ort, wo wir hingehören.«
Die Wirkung beginnt bereits, wenn wir unwillkürlich versucht sind, das Erscheinungsbild der Landschaft zu bezeichnen, wenn wir etwa, auf Kenntnis und Erfahrung zurückgreifend, eine Landschaft idyllisch nennen, archaisch oder unheimlich. Landschaft erinnert uns dann an etwas, das wir schon einmal wahrgenommen haben oder das in unserer Vorstellung bereitliegt. Sie löst den Wunsch aus, zu vergleichen, und es wundert nicht, daß wir, wenn wir einen Namen für eine Landschaft suchen, diesen oft im Vergleich finden. Seltsam, daß wir uns nicht damit abfinden können, eine Landschaft namenlos zu lassen; das Bedürfnis, sie zu bezeichnen, ist aufschlußreich genug. In jedem Fall verrät es etwas über unser Verlangen, Welt kenntlich zu machen, um auf diese Weise Sicherheit, Orientierung zu gewinnen oder sogar heimisch zu werden. Mitunter sind es naheliegende Vergleiche, die zu einer Namens-

gebung führen. Der Hunsrück etwa – Uwe Förster hat nicht nur dies belegt – hat seinen Namen bekommen, weil er tatsächlich einem Hunderücken gleicht; desgleichen hat man den Höhenzug Finne so genannt, weil er an die Rückenflosse eines Fisches erinnert. So, wie durch den Vergleich, so werden Landschaftsnamen aber auch angepaßt, indem eine Eigenschaft hervorgehoben wird oder ein signalhaftes Kennzeichen. Die Krümmungen eines Flusses; gebückte, schwer durchdringliche Hecken; steinige Ödnis; Schilf, Moor und charakteristische Pflanzen: alles, was eine Landschaft näher bestimmt, kann namensgebend sein. Wir lassen das Vorgefundene auf uns wirken und schreiben seine Eigenart fest – im angepaßten Namen. Dies allerdings, so scheint es, stellt lediglich einen Akt äußerer Inbesitznahme dar. Die wesentlichen Wirkungen der Landschaft erfahren wir als inneres Erlebnis.

Mit jedem Versuch, Landschaft zu beschreiben, decken wir bereits den Zusammenhang von Mensch und Natur auf. Überlieferte epische Dokumente und Bekenntnisse öffnen uns die Augen dafür, wie erstaunlich die Echos sein können, die von erlebter Landschaft auf uns zurückkommen, und wie reich und verschiedenartig das Spektrum unserer Empfindungen sein kann. Es läuft ja nicht nur auf Ergriffenheit und Bewunderung hinaus. Der Philosoph Ludwig Feuerbach hat bekannt, auf welche Weise Landschaft ihn zu einer Selbstbestimmung führte. »Meine Reise ins Fichtelgebirge«, so schrieb er in einem Brief, »war das notwendige Antidotum zur Heidelberger. Auf dem Ochsenkopf habe ich meinen Kopf wieder zurechtgesetzt... Ja, dorthin gehöre ich, in dieses düstere, arme, aber doch großartige Gebirge, nicht in das reiche, schöne, vornehme Rheintal. Mir gebührt die Preiselbeere, nicht die üppige Aprikose, die saure Schlehe, nicht die süße Traube am Rhein, die traurige Fichte des Fichtelgebirges, nicht die fröhliche Buche, noch weniger die schmackhafte Kastanie des Odenwaldes.« Hier, im freien Urgebirge, wird dem Reisenden bewußt, wohin er gehört; er glaubt heimgekehrt zu sein, und nennt die zurückliegenden Jahre ein Scheinleben.

Dieselbe Landschaft, die in Feuerbach den Wunsch weckte, sich selbst zu bestimmen, diente dem Schriftsteller Immermann dazu, sich einen bedeutenden Charakter zu erklären: den Charakter seines Kollegen Jean Paul. Immermann erlebt »ein großes, bizarres, mit den wunderbarsten Naturschauspielen ausgestattetes Gebirge«, er begegnet sonderbaren Leuten – Vogelfängern, Bergleuten, Holzarbeitern –, die ihm ihre Launen und Seltsamkeiten nicht vorenthalten, und je mehr er mit Landschaft und ihren Leuten vertraut wird, desto erklärlicher wird ihm der Charakter Jean Pauls und desto entschuldbarer erscheinen ihm dessen bizarrer Humor, dessen unterhaltsame Verstiegenheit.

Auch darin kann die Wirkung einer Landschaft liegen, daß sie einem vor Augen führt, was dem eigenen Wesen entspricht. Wir werden angeregt, uns selbst zu definieren, und nicht nur dies: in Zusammensicht mit der Landschaft wird uns die Eigenart von Menschen verständlich. Der wortkarge Mann, krummgeweht vom Wind, sparsam mit gezeigtem Gefühl, wird uns sogleich als hingehörig zu seiner Küstenlandschaft erscheinen; desgleichen werden wir aber auch den Menschen als hingehörig empfinden, der uns in seinem Weinberg über dem Fluß anspricht, uns zu einer Weinprobe einlädt und mit verblüffender Offenheit in sein Leben einweiht.

Zum Spektrum der Wirkungen, die von einer Landschaft ausgehen, gehört aber nicht nur die Empfindung, heimisch zu sein. Adalbert Stifter, einer der genauesten und geduldigsten Landschaftsschilderer, verweist in seinem »Hochwald« auf andere Erfahrungen. Er schrieb: »Dichte Waldbestände der eintönigen Fichte und Föhre führen stundenlang vorerst auf dem Moldautale empor, dann folgt, dem Seebache sanft entgegensteigend, offenes Land – aber es ist eine wilde Lagerung zerrissener Gründe, aus nichts bestehend als tiefschwarzer Erde, dem dunklen Totenbette tausendjähriger Vegetation, worauf viele einzelne

Granitkugeln liegen, wie bleiche Schädel von ihrer Unterlage sich abhebend, da sie vom Regen bloßgelegt, gewaschen und rundgerieben sind. Ferner liegt noch da und dort das weiße Gerippe eines gestürzten Baumes und angeschwemmte Klötze... Keine Spur von Menschenhand, jungfräuliches Schweigen.« Stifter bekannte, daß ihn hier ein Gefühl der tiefsten Einsamkeit überkam, ein unbegreifliches Gefühl, wie er sagte, und beim Anblick des kleinen Sees glaubte er, von einem »unheimlichen Naturauge« beobachtet zu werden. Was das Panorama in ihm hervorruft, sind Staunen und Verwirrung – eine Wirkung, die wohl vielen vertraut ist.

Es spricht für sich, daß jeder einen gewissen Vorrat an Landschaftsbildern besitzt – erlebten, nachempfundenen, imaginierten Bildern. Wir können sie auf Abruf oder auf Stichwort hervorbringen, so charakteristisch, daß ein anderer sie unmittelbar wiedererkennt. Ich denke mir zum Beispiel eine braune Ebene, in der ein paar Tümpel blinken, ich lasse Riedgras aufwachsen, besetze den Horizont mit einzelnen Kopfweiden, lauschend dastehenden Gespensterbäumen; im Vordergrund lasse ich einen mageren, vom Wind durchgewalkten Schilfgürtel entstehen, und dann werfe ich noch einen einsamen Vogel in die Luft und sehe mich vor einer Moorlandschaft. Zu meiner Verwunderung jedoch befinde ich mich nicht nur vor der Landschaft, sondern kann auch die Gefühle benennen, die sie offenbar erweckt und die ihr zu entsprechen scheinen. Einsamkeit, Ausgesetztsein, ein vages Erschauern vor dem Unheimlichen, in dem etwas Bedrohliches liegt.

Daß bestimmte Landschaften identische, und das heißt wiederholbare Gefühle und Stimmungen hervorrufen: die beschreibende Literatur bestätigt es zur Genüge. Wie übereinstimmend das Erlebnis einer Meereslandschaft quittiert werden kann, zeigen die Schilderungen zweier Autoren, deren Empfänglichkeit für Naturschauspiele wir seit langem bewundern. So lesen wir bei Theodor Storm: »In diese heimlichen Laute der Nacht drang plötzlich von der Gegend des Teiches her der gellende Ruf eines Seevogels, der hoch durch die Luft dahinfuhr. Da mein Ohr einmal geweckt war, so vernahm ich nun auch aus der Ferne das Branden der Wellen, die in der hellen Nacht sich draußen über der wüsten, geheimnisvollen Tiefe wälzten und von der kommenden Flut dem Strand zugeworfen wurden. Ein Gefühl der Öde und Verlorenheit überfiel mich.« Als schreckliches, wenn auch großes Schauspiel erlebt Wilhelm von Humboldt eine nächtliche Stunde am Strand der Nehrung. Er schreibt: »Ein schmaler Strich toten Sandes, an dem das Meer unaufhörlich an einer Seite anwütet, und den an der anderen eine ruhige große Wasserfläche, das Haff, bespült. Die ödesten Sandhügel, die schrecklichsten traurigen Kiefern, die ganze Stunden lang, so weit man sehen kann, bloß aus dem Sande, ohne einen einzigen Grashalm emporwachsen und nur oben durch die Luft zu leben scheinen, eine Stille und Leere selbst von Vögeln auf dem Lande, die dem Brausen des Meeres nichts zu übertäuben gibt, nur einzelne große Möven, die am Ufer hinschweben.«

Es ist klar: identische Landschaftserlebnisse sind nur möglich bei gleicher Gestimmtheit, bei gleicher Empfänglichkeit. Wir müssen disponiert sein, uns von einer Einsicht unterwandern, von einer Erkenntnis überwältigen zu lassen. Was Landschaft uns echohaft beweist: unsere Vergänglichkeit, unser Harmonieverlangen, unsere Sehnsucht nach Dauer – wir müssen offen genug sein, diese Beweise anzuerkennen.

Wer die verschiedenartigen Wirkungen der Landschaft erörtert, darf ihre inspirierende Eigenschaft nicht übersehen. Die Malerei, die Dichtung, die Musik: wir wissen, wieviel sie der Landschaft verdanken. Naturlyrik, Landschaftsmalerei, Liedkomposition bezeugen, wie selbstverständlich der Wunsch aufkommt, bestimmten Empfindungen eine ästhetische Fassung zu geben. Es ist mehr als Anregung, mehr als Stimulierung, in dem Bedürfnis, dem Landschaftserlebnis einen eigenen Ausdruck zu verleihen, liegt wohl auch eine gewisse Dankbarkeit: wir möchten mit eigener Sprache der

Natur zurückgeben, was sie uns geschenkt hat: ein Weltgefühl, ein sinnbildliches Begreifen. Der Dichter Johannes Bobrowski hat das ausgedrückt: »Als sie über die Memel hinfuhren, auf der hohen Brücke, als der Strom rechterhand herzog, breit und dunkel, mit schwerem Atem, einen fliegenden Schleier weißer Spitzen, Licht und kleine kippende Wasserkämme über sich, da hatte ihn noch eine andere Tonfolge beschäftigt, noch gar keine Melodie oder keine Melodie mehr, ein paar ungewöhnliche Intervalle, bei ständigem Taktwechsel, fortwährendes Modulieren... ein Erzählton vielleicht, aber doch auch wieder nicht, ein Parlando, schwerer, genauer, ein Rhythmus noch, aber kein geschlagener, einer aus schwingenden Bögen, ein geatmeter über einem stark strömendem Wasser.«

Der Landschaft einen eigenen Ausdruck geben, sie in ihrem Einfluß auf das Gefühl wiederholen: für den Künstler war es seit je eine selbstgewählte Aufgabe. Ein eigener Ausdruck bedingt, daß man sich ins Spiel bringt, daß man seine Befindlichkeit ebensowenig verschweigt wie seine Hoffnung. Paul Cezanne bekannte: »Ich will mich an die Natur verlieren, will mit ihr wie sie keimen, die eigensinnigen Töne der Felsen haben, die vernünftige Hartnäckigkeit des Gebirges, die Flüssigkeit der Luft, die Wärme des Gebirges.« Und Horst Janssen sagt: »Die Landschaft ist das Bild reiner und einziger Leidenschaft: Drama aus Akten der Stille, der Stürme, der Luft und Wasserfurien... ich gehe ein in die Landschaft und die Bilder, die ich aus der Landschaft ziehe, Sepia und Wasser... zurück in meiner Burg, zieht die Landschaft durch den Schlaf.«

Wir können sie also mitnehmen, können den Sinneseindruck, den wir von einer Landschaft gewonnen haben, im Gedächtnis aufbewahren. Doch seltsam genug: was im Gedächtnis liegt, bleibt sich nicht gleich, es verändert sich mit der Zeit; mitunter büßt es Kontur und Schärfe ein, verliert seine Eindeutigkeit, reduziert sich; oft genug aber wächst es sich aus, nimmt an Größe und Bedeutung zu, und läßt uns erkennen, in welchem Maß unsere Eindrücke angereichert werden können. Eine erinnerte Landschaft ist häufig genug eine angereicherte Landschaft; indem wir sie beschwören, sehen und denken wir ihr zu, was bei der ersten Wahrnehmung kaum zählte. Was bei dem Versuch, die Weichsel-Landschaft aus der Erinnerung zu beschreiben, zu Tage tritt, zeigt Günter Grass in den »Hundejahren«. Zunächst stellt er fest: »Die Weichsel ist ein breiter, in der Erinnerung immer breiter werdender, trotz der vielen Sandbänke schiffbarer Strom...« Und dann – je länger Erinnerung tätig ist – hebt sich immer mehr herauf, Wiesen und Dörfer und Deiche, das Panorama der immer breiter werdenden Weichsel schließt Sonnenuntergänge und Fährbetriebe ein, aber auch das genügt nicht, denn die suchende Erinnerung steigt tiefer und tiefer und bringt alles zum Vorschein, was einst zu dieser Landschaft gehört hat: heidnische Götter und Hochwasser, legendäre Deichgrafen und Napoleon auf dem Durchzug. Geweckt durch einen forschenden Erinnerungszwang, wird der Landschaft ein historisches Schicksal zuerkannt. Wir werden gewahr, »was alles der Weichsel gut zu Gesicht steht, was einen Fluß wie die Weichsel färbt: Sonnenuntergänge, Blut, Lehm und Asche.«

Es steht außer Zweifel: die Wirkung, die die Landschaft auf den Menschen ausübt, hat vielfältige Ausdrucksformen: Andacht und Ängstigung, Staunen und Schwermut, Glücksempfinden und Ewigkeitsschauer – wir kennen den Widerhall aus eigenem Erleben. Und solange sich unsere Erlebnisfähigkeit erhält, können wir der auslösenden Echos sicher sein.

Doch wir müssen uns eingestehen, daß sich unsere Erlebnisweisen, unsere Haltungen und Anschauungen ändern; unser Verhältnis zur Natur hat sich gewandelt. Wir sind aus der pantheistischen Behausung ausgezogen; die Zeit, in der die Natur als magna mater kultische Verehrung genoß, ist vorbei. Kant schrieb bereits, die Vernunft müsse an die Natur herangehen, nicht wie ein Schüler, der sich alles vorsagen läßt, sondern wie ein bestallter

Richter, der die Zeugen nötigt, auf die Fragen zu antworten, die er ihnen vorlegt.

Aber nicht allein unsere Haltungen und Erlebnisweisen haben sich geändert; wir haben erfahren müssen, daß die Naturlandschaft, in der wir so lange wie in einem Zauberspiegel ein Lebensabbild sahen, auf dem Rückzug ist. Zwar läßt sie sich noch hier und da auffinden, doch mehr und mehr umgeben und durchschnitten von einer anderen Landschaft, die den planerischen Eingriff des Menschen verrät. Schon Fontane, der wunderbare Landschaftsschilderer, sprach in diesem Zusammenhang von Kulturlandschaft. Der Chronist der Mark nimmt die Veränderung so wahr: »An diesem frostigen Dezembertag aber liegt das schöne Havelland brachfeldartig vor uns ausgebreitet, eine graubraune, heideartige Fläche, durch welche sich in breiten, blanken Spiegeln, wie Seeflächen, die Grundwasser und übergetretenen Gräben dieser Niederung ziehen... Ein grauer Himmel über grauem Land, nur ein Krähenvolk aufsteigend aus dem Weidenwege, der sich an den Wasserlachen entlangzieht, so war das Land von Anfang an: öde, still, Wasser, Weide, Wald... Dort, zwischen Wasser und Weiden hin, läuft ein Damm, im ersten Augenblicke nur wie eine braune Linie von unserem Turm aus bemerkbar; aber jetzt gewinnt die Linie mehr und mehr Gestalt; denn zischend, brausend, dampfend, dazwischen einen Funken-

regen ausstreuend, rasseln jetzt von zwei Seiten her die langen Wagenreihen zweier Züge heran und fliegen – an derselben Stelle vielleicht, wo einst Jaczo und Albrecht der Bär sich trafen – aneinander vorüber. Das ganze wie ein Blitz! . . . Das Havelland träumt wieder von alter Zeit.«
Es kann nur ein Traum von Unberührtheit und Unschuld sein – ein vergeblicher Traum, denn längst ist die Kulturlandschaft eine vollendete Tatsache. Fontane selbst zählte zusammen, was zu ihrem Bild gehört, und erwähnte Raps- und Weizenfelder, üppige Wiesen, er sah die roten Dächer eines Dorfes hinzu und Flöße und Kähne auf den Seen und Kanälen. Wir können das Bild von uns aus erweitern, lassen Wege durch die Weidelandschaft laufen, spannen eine Brücke über den Fluß, legen Hecken und Gärten an, schaffen einen von Bäumen eingeschlossenen Platz. Kulturlandschaft läßt die gestaltende und pflegerische Tätigkeit des Menschen erkennen, sie stellt uns vors Auge, mit welchen Absichten der Mensch die selbstgenügsame Eigenart der Natur veränderte. Um leichter zu leben, um effizienter zu leben, hat er planend eingegriffen, hat reguliert, bereinigt, gegliedert, und mitunter glückte ihm das Organisationswunder einer Stadt, die wir selbstverständlich als Kulturlandschaft ansehen.
Wolfgang Koeppen beschrieb, welch eine Wirkung eine Stadt auf ihn ausübte, die, während des Krie-

ges zerstört, phantasievoll wieder erbaut wurde. »Die Stadt ist weit, klar, hoch, sie ist sachlich, aber nicht formenarm errichtet worden. Der Gang durch die neuen Geschäftsstraßen stimmt fröhlich. Die Architektur unserer Zeit weckt ein neues Lebensgefühl, das bisher nur der Süden schenkte. Läden, Cafés, Restaurants öffnen sich bereitwillig der Straße, schließen sich nicht ab, bilden mit der Gehbahn ein Forum, das demokratisch und gute Politik ist... Die Hochhäuser wirken leicht und freundlich, zeigen ein schwebendes, ein verspieltes Wohnen... moderne, gar abstrakte Standbilder schmücken die Straßen, und Erasmus steht, ein freundlicher Weiser, vor der kühn konstruierten Front eines Geschäftshauses und ist allein.«

Diese Stadt – es ist Rotterdam – begeistert den Besucher, weckt in ihm ein neues Lebensgefühl. Und so, wie dieser Stadtbesucher ein neues Lebensgefühl empfand, mag ein früher Betrachter der Chinesischen Mauer ein Gefühl der Existenzsicherheit und ein Besucher eines Tempels Gottesnähe empfunden haben; Mauer und Tempel: auch sie sind Kulturlandschaft, die ihre eigene Wirkung ausübt.

Gewiß, die Umgestaltung einer Landschaft kann sehr verschiedenartige Gründe haben, sie kann ästhetisch und ökonomisch, strategisch und kultisch bedingt sein, aber jenseits aller Gründe wird die

übergreifende Tatsache offenbar, daß der Mensch sich mit der vorgefundenen Eigenwilligkeit der Natur nicht abfinden wollte. Er gestaltete sie nach seinen Bedürfnissen, mit seinen Möglichkeiten um – immer darauf aus, ihr etwas abzugewinnen. Oft war sein Ziel: besseres Befinden. Doch es hat auch nicht an Versuchen gefehlt, Landschaft zu benutzen, um den Menschen aus dem Gleichgewicht zu bringen, ihn klein und gefügig zu machen. Erdrückt von monströsen Dimensionen, eingeschüchtert von kalter Leere, sollte der Mensch nach dem Willen von Mächtigen zu einer einzigen Funktion hingelenkt werden, zur Funktion der Brauchbarkeit. Gewaltige Aufmarschgelände, Achsen, eintönige endlose Straßen, riesenhafte Bauwerke: Adolf Arndt hat belegt, wie der Mensch auf den ungeheuren Reiz des Raumes, auf diese negative Kulturlandschaft reagiert. Die beabsichtigte Wirkung zeigt sich in einem Verlust des Selbstbewußtseins, in einer Bereitschaft zur Unterwerfung. Arndt sagt: »Der Mensch, der sich so verliert, ist nicht frei, sondern nur losgelöst und sich seiner nicht mehr bewußt und darum ideologisierbar.« Welch eine Erlebnisferne zu Goethe, der die Wirkung thüringischer Kulturlandschaft, in der sich alles anbietet, was den Bedürfnissen des Menschen entspricht, zusammenfassend als »gesteigertes Wohlsein« bezeichnet hat.
Wohlsein, dies sehr allgemeine Gefühl: wir können

es heute empfinden angesichts eines Springbrunnens auf einer Paradestraße, vor einer Strohdach-Kate, die unter windgezausten Bäumen Geborgenheit verspricht, und schließlich auch beim Anblick des winzigen Rechtecks neben der Bushaltestelle, das wildes Gras und Kräuter sich erobert haben. Selbst das geordnete Gebirge der Container, das das Bild einer Hafenlandschaft prägt, kann mit seiner Vielfarbigkeit wenn nicht gleich Wohlsein, so doch Freude hervorrufen, die Stimmung beeinflussen.

Doch nicht immer läßt sich die Wirkung der Landschaft auf den Menschen präzise bezeichnen. Wir haben es mitunter selbst erlebt, daß es unnennbare Gefühle waren, die uns erfüllten, daß uns Stimmungen ergriffen, die wir kaum beschreiben konnten. Es blieb ein Rest von Unsagbarem. Heinrich Böll porträtierte einmal eine Landschaft, die, ohne daß es ausgesprochen wird, eine sonderbare Melancholie hinterläßt. »Es war an einem Abend«, so schrieb er, »von den Feldern kam der Geruch des abgeernteten Lauchs, und am Horizont qualmten die Kamine schwarz in den rötlichen Himmel hinein. Schnell fiel die Dunkelheit herunter, das Rot des Himmels wurde violett, schwarz, und den kräftigen breiten Pinselstrich der qualmenden Kamine konnten wir nicht mehr sehen. Heftiger wurde der Lauchgeruch, untermischt mit zwiebeliger Bitternis. Sehr weit hinter der Mulde einer

Sandgrube brannten Lichter, und vorne, wo der Weg verlief, fuhr ein Mann auf einem Fahrrad vorbei, der Lichtkegel taumelte über den holprigen Weg und schnitt ein kleines, dunkles Dreieck aus dem Himmel heraus, dessen eine Seite offen war.«

Man zögert, man weiß nicht, wie man das Gefühl präzis benennen kann, das die Landschaft entstehen läßt, und man findet auch nicht die Gründe für die aufkommende undeutliche Melancholie. Vielleicht liegt es daran, daß eine Kulturlandschaft andere Empfindungen weckt als eine Naturlandschaft – einfach, weil uns die Deutungsmuster weniger vertraut sind. Nicolas Born stellte bei der subtilen Beschreibung eines Platzes ein »langes Trauergefühl« bei sich fest und »nur noch ein vages Empfinden von Anwesenheit, von geisterhaftem Dasein«. Die Bewegungen – Leute, Busse, S-Bahnen – erschienen ihm, als »geschähen sie nur vorläufig«. Die Unsicherheit der Wahrnehmung zeigte sich auch darin, daß der Betrachter den Wohnhausfassaden hinter dem Bahngelände das Bewohntwerden nicht ansehen konnte.

Diese Unsicherheit hebt sich allerdings auf, wenn der Betrachter zu den vertrauten Deutungsmustern zurückfindet, und die Vagheit der Empfindungen läßt nach, sobald alte Erlebnisinhalte sich zum Vergleich anbieten, also Wald und Wiese, Fluß und Feld. Da erscheinen Kurven der Subway wie Fußwege im Wald, und die roten Busse Londons wie Elefanten im Zauberwald. Wie genau die Kunstlandschaft Manhattan erlebt werden kann, Uwe Johnson hat dafür ein Beispiel gegeben: »Gesine war... den Riverside Drive hinuntergefahren, dem inneren Rand einer ausgedehnten Kunstlandschaft, die mit einer Promenade am Fluß beginnt, landeinwärts geht mit einer Schnellstraße aus getrennten Fahrbahnen und nahezu gärtnerischen Zufahrtschleifen, mit einem geräumigen, hügeligen Park fünfzig Blocks lang, mit Denkmälern, Spielplätzen, Sportplätzen, Liegewiesen und bankgesäumten Spazierwegen. Erst dann rahmt der Park die eigentliche Straße, die an vielen Stellen gekrümmt ist, über zierliche Bodenbuckel schwingt, schmale Abfahrtsfinger hinter wiederum Grüninseln zu den Häusern ausstreckt... eine Veranstaltung von Gartenkunst, eine Straße mit Aussicht auf Bäume, auf Wasser, auf Landschaft.«

Bei aller ergiebigen Planung und Gliederung: auch hier, in diesem Bild, wird deutlich genug, daß die einst allem übergeordnete Einheit von Mensch und Natur nicht mehr so existiert, daß wir uns als Komplement betrachten können. Etwas ist wohl verlorengegangen; das Unvermittelte, die spontane Erfahrung eines Zusammenhangs, einer schicksalhaften Beziehung. Landschaft, zum zweckmäßigen Produkt, zur vermessenen Staffage geworden,

kann heute wohl kaum noch zwanghaft auf uns wirken. Die höhere Ordnung, die innere Gesetzmäßigkeit – das, was Humboldt als geheimnisvollen Daseins-Spiegel empfand –, wir werden ihrer nicht mehr auf selbstverständliche Weise inne. Charakteristisch genug: eine Gruppe von darstellenden Künstlern, die sich einst ganz unbefangen als Landschaftsmaler bezeichnet hätten, nennen sich heute »Landvermesser«. Sie vermessen, was von Landschaft übrig geblieben ist, das Fragment, den Erlebnisrest: entzauberte Natur im Kleinformat, künstlerisch kartographiert, um daran zu erinnern, was uns abhanden gekommen ist.
Vieles muß Landschaft über sich ergehen lassen; Heide und Wattenmeer, Flußtal und Moor: sie sind einem Planungswillen ausgesetzt, dessen Wirken nicht folgenlos bleiben kann. Und immer deutlicher hebt sich eine Erscheinung in unser Blickfeld, die es nur noch verdient, Stadtschaft genannt zu werden: rostende Industrieanlagen, schmauchender wandernder Müll, zum Abbruch freigegebene Wohnsiedlungen, verödete Plätze, über die der Wind Plastikfetzen treibt, hinüber zur Kleingarten-Kolonie. Es liegt auf der Hand: auch diese Stadtschaft übt eine Wirkung auf den Menschen aus; wir haben sie als Trauer und Erbitterung erlebt, haben sie auch in allen Formen der Selbstbezichtigung wahrgenommen. Das Mitleid mit der gefährdeten Landschaft wächst, es wächst

mit zunehmendem Wohlstand. Schon gibt es mannigfache Rettungskonzepte, Vorschläge zur Hege und Konservierung; wie Bedrohtes bewahrt werden kann: wir haben es in besorgten Entwürfen vorgeschlagen.

Allerdings läßt sich auch fragen, ob nicht alles, was lebt, dauerhaft gefährdet ist, und ob nicht ein Prinzip der Natur darin zu erkennen ist, sich durch Veränderung ins Zeitlose zu retten. Veränderung: sie ist ein bewährtes Mittel der Selbstbehauptung, die überlieferte Geschichte des Lebens beweist es zur Genüge. Natur – und das finden wir mannigfach bestätigt – hat ihre eigene robuste Dynamik. Sie nimmt wie selbstverständlich wieder in Besitz, was man ihr durch Planung und unbarmherzige Landschafts-Hege genommen hat. Sie kehrt zurück in das Dickicht der Städte, in denen wir leben, und führt uns ihre Möglichkeiten vor an Bahndämmen, an verödetem Bauland, zwischen rostenden Industrieanlagen. Und die Tierwelt – unbekümmert um Ästhetik und Landschaftsarchitektur – nimmt an der Eroberung erfolgreich teil.

Nein, die Landschaftsidylle vergangener Jahrhunderte wird sich nicht wiederherstellen lassen. Die sogenannte heile Welt bleibt eine Illusion. Was uns in dieser Zeit Anlaß zu Hoffnung geben kann, das ist in der Tat die wunderbare Selbstbehauptung der Natur. Lassen wir sie darin gewähren, zumindest hier und da die Landschaft hervorzubringen, die ihr entspricht: die Naturlandschaft. Man kann sie auch Wildnis nennen. Wildnis: sie kann sich auf freiem Feld zeigen und in der Stadt. Kleine Wildnisse, sie könnten eine Antwort sein auf die Anmutungen gewaltsamer Landschaftsgeometrie. Und welche Wirkungen selbst begrenzte Wildnis auf den Menschen hat, das hat offener Sinn überall registriert: wir staunen und beunruhigen uns, wir sind begeistert und erschauern, wir empfinden Sehnsucht und ein rätselhaftes Gefühl von Dauer. Wir nehmen Bild und Zeichen auf, spüren das Echo, das Wildnis in uns auslöst, es wird uns bewußt, daß wir der Landschaft zugehörig sind. Und vielleicht ist das die tröstliche Erkenntnis, die Landschaft uns vermitteln kann: die Erkenntnis, heimisch zu sein.

Über die Logik des Vergleichs

I.

Auch wenn, wie der Volksmund wissen will, jeder Vergleich hinkt: wir zögern nicht, ihn fortwährend sprechend und schreibend zu bemühen. In den Wissenschaften und in der Literatur, in der Politik und im Sport: überall, auf allen Lebensgebieten bedient sich unser unstillbares Definitionsbedürfnis des Vergleichs. Indem wir ihn ziehen, bekunden wir den Wunsch, ein Individuum oder eine Sache erkennbar zu machen – aus Ungenügen an der einmaligen Bezeichnung. In dem Verlangen nach zusätzlichem Erkenntnisgewinn betrauen wir den Vergleich mit vielfältigen Eigenschaften: er soll illustrieren und kommentieren, herabsetzen und erhöhen, erwecken und werten, und nicht zuletzt soll er ebenso die Gleichheit von etwas feststellen wie die Ungleichheit offenkundig machen. Die vergleichende Mythologie und die vergleichende Sprachwissenschaft haben ermittelt, wieviel Gleichwertigkeit in der Verschiedenartigkeit zu finden ist. Und was die Logiker die »Identität in der Differenz« nennen, verdankt sich als Einsicht ebenfalls dem Vergleich: er läßt uns erkennen, daß Dinge sich in einigen Merkmalen sowohl gleichen als auch in anderen unterscheiden können. Auch wenn uns der Vergleich oft genug nur als bebilderte Zuschreibung vorkommt, seine Eigenschaft als Erkenntnismittel ist unbestritten; in ihm feiert sich ein Prinzip »gegenseitiger Erhellung«.

II.

Nicht immer wurde der Vergleich gebraucht, um eine Person – oder eine Sache – näher zu bestimmen. Wollte man sich, etwa zu Lessings Zeit, vergleichen, so äußerte man damit vor allem die Absicht, eine Gefälligkeit zu erwidern – oder aber einem Übeltäter mit gleicher Münze heimzuzahlen. Vergleichen, das hieß: etwas zur Übereinstimmung bringen, ausgleichen, vergelten; Liebe zum Beispiel wird mit Liebe vergolten, Arges mit Argem. Dem Vergleich lag also weniger die kritische Betrachtung zugrunde oder der Wunsch, die Unterschiede zwischen Erscheinungen hervorzuheben, als vielmehr die Absicht, Gleichheit herzustellen und zu bestätigen. Gleichheit herzustellen bedeutet aber nichts weniger, als – im konkreten und übertragenen Sinn – Frieden zu schließen. Durch den Vergleich wird etwas ins Werk gesetzt.

III.

Vom Autor A. wird behauptet, daß nur er allein so schreibt wie der Autor A., mithin nur sich selber gleicht. Riskiert man, ihn mit dem Autor B. zu vergleichen – was von beiden als Schmeichelei oder als Kränkung empfunden werden kann –, dann wird man, genötigt durch die vorgefundene Differenz, zugeben müssen, daß auch der Autor B. nur so schreibt wie der Autor B. Da A. und B. also nur sich selbst gleichen, müßte die Logik Einspruch erheben gegen jedes Resultat, das wir aus einem Vergleich beider Autoren gewinnen möchten. Und doch läßt sich die Absicht vertreten, beide Autoren miteinander zu vergleichen; denn so, wie es Kriterien für ihre Einmaligkeit gibt, für ihre Authentizität, so gibt es auch Kriterien, die einen Vergleich zulassen – beispielsweise beim Versuch einer Negativdefinition. Aber auch ein Vergleich muß sich dadurch rechtfertigen, daß er sinnvoll gebraucht wird. Das Fazit eines Kritikers: dieser Autor schreibt, wie ein Zigeunerprimas geigt, oder der Vergleich eines anderen

Kritikers: dieser Autor erzählt so, wie Hemingway gefischt hat, sind, auch wenn man ihnen einen illustrativen Wert zugutehält, ästhetisch sinnlos. Hier borgt sich der Vergleich seine Beweisabsicht von außen, er erscheint uns als »weit hergeholt«, er überzeugt uns weder durch seine Angemessenheit noch durch seine Bedeutung für den Gegenstand. Die dem Autor unwillkürlich angepaßte Identität ist mühelos widerrufbar, denn sie ist beliebig. Daraus ergibt sich wie von selbst die Frage: Wann empfinden wir einen Vergleich als sinnvoll, wann als sinnlos?

IV.

Logisch sinnvoll ist ein Vergleich, wenn zumindest ein Merkmal der Gleichheit vorhanden ist. Autos sind sich, bei aller Unterschiedlichkeit, darin gleich, daß sie als Fahrzeug dienen. Götter, ob rachsüchtig oder wohlgesonnen, gleichen sich darin, daß sie Verehrung beanspruchen, und allen Bäumen ist, so verschiedenartig sie auch sein mögen, gleich, daß sie Wurzeln haben und Holz hergeben, also Biomasse. Demnach ist es sinnvoll, einen Mercedes mit einem BMW zu vergleichen, Zeus mit Thor oder eine Pappel mit einer Eiche. Im Vergleich, so zeigt sich, wird etwas mitdefiniert: der Gegenstand, der zugrunde liegt.

Kommensurabel ist also nur, was eine Beziehung zueinander aufweist.
Deshalb ist es aus logischer Sicht sinnlos, etwa einen Opel mit einer Pappel zu vergleichen oder Gott mit einem Volkswagen. Ein konstruierter Vergleich wie »mit dem Mitsubishi wie Gott durch Frankreich« läßt auf den ersten Blick erkennen, daß hier etwas verglichen wird, was durch Erfahrung nicht beglaubigt werden kann. Die zwar unterhaltsame Metapher hat erkenntnistheoretisch keinerlei Beweisfähigkeit; es fehlt das Gleichheitsmerkmal. In dieser Hinsicht vergreift sich auch der Kommentator, der die Wallstreet den Vatikan des Kapitalismus nennt; vergliche er die Wallstreet lediglich mit der Bank des Heiligen Geistes, so wäre sein Versuch der Gegenüberstellung begründbar. Von geradezu erhabener Sinnlosigkeit aber erscheint der Vergleich, den ein Autor während eines Bombenangriffs anstellt: »Die Stadt mit ihren roten Türmen und Kuppeln lag in gewaltiger Schönheit, gleich dem Blütenkelch, der zu tödlicher Befruchtung überflogen wird.« Wer sich noch ein Vertrauen in den Realismus menschlicher Wahrnehmung erhalten hat, kann diesem Vergleich wohl nichts anderes bestätigen, als daß er, um ein Gleichnis bemüht, an den Haaren herbeigezogen ist. Der Wille zu symbolischer Überhöhung verdunkelt die Wahrheit; nebenbei ist das Vergleichsangebot biologisch nicht vertretbar.

V.

Kein Vergleich wird völlig absichtslos gebraucht; auch wenn er sich aufzudrängen scheint, haben wir es noch in der Hand, ihn anzuwenden. Am häufigsten gebraucht wird er – und darüber gibt es kaum einen Zweifel –, um ein Individuum oder ein Ding zu illustrieren. Unzufrieden mit der Einzigartigkeit, darauf aus, die Merkmale zu vermehren, erhoffen wir uns vom Vergleich zusätzliche Erkennbarkeit. Wenn von einem Boxer gesagt wird, er kämpft wie ein Gentleman im Ring, dann wissen wir unmittelbar, daß dieser Mann keine Kampfmaschine mit Killerinstinkt ist; vielmehr assoziieren wir mit dem Athleten Fairneß, Kühle, Selbstverpflichtung auf Regeln, Schläge aus nobler Distanz. Der Vergleich illustriert nicht allein einen Stil, er kennzeichnet ebenso eine Sportart, die, wie man vermuten möchte, für vorgeführtes gentlemanhaftes Verhalten nur bedingt tauglich ist. Das illustrierende Bild dient als Identitätskriterium. Wenn von einem Mann gesagt wird, er grinst wie eine aufgeschnittene Wassermelone, dann kann man voraussetzen, daß dieses besondere Grinsen ihm allein eigen ist, sich vielleicht sogar für seinen Steckbrief eignet. Was hier zum Ausdruck kommt, ist eine erhöhte Anschaulichkeit.

Und auch das bewirkt der Vergleich: indem er

einem anderen etwas entgegenhält, verdeutlicht er und bringt zum Vorschein, was sonst unbemerkt bleibt. Lese ich zum Beispiel: »Rumänische Banden knacken im Märkischen Land Supermärkte, wie Feinschmecker Hummer knacken«, dann empfinde ich dies zunächst nur als launige Illustration. Bei der Wiederholung dieses Satzes aber geht mir auf, was hier zutage tritt: in beiden Fällen ein vielversprechender Ort, brachiale Handhabung der Werkzeuge, kalkulierte Zerstörung, die Mühe, die dem Genuß vorausgeht. Der Transfer eines einzigen Wortes vom Rotwelschen ins Umgangssprachliche schafft eine Beziehung, verbindet einen Vorgang, der sich auf zwei völlig verschiedenen Ebenen abspielt. In der Illustration scheint also etwas auf, das über das Zugrundeliegende hinausweist. Um das zu bewirken, genügt mitunter nur ein Wort, oder aber die Angabe einer Himmelsrichtung: »Eukalyptusbäume und Tamarisken, von der trockenen Hitze zerfressen und vom salzigen Wind geschlagen, den Rücken nach Osten gebeugt, wirken wie Flüchtlinge mit ihrem Bündel, die mitten auf ihrem Weg versteinert sind.«

VI.

Jeden Tag werden wir eingeladen – oder genötigt – zu wählen. Wir treffen eine Wahl, indem wir das, was zur Wahl steht, zunächst miteinander vergleichen. Wie immer unsere Entscheidung ausfällt – jeder Bevorzugung oder Zurückweisung geht eine Wertung voraus. Diese Partei, dieses Bild, dieser Bewerber: erst nach einem wertenden Vergleich belohnen wir sie mit unserem Ja. Wird der illustrierende Vergleich vor allem von der Absicht bestimmt, die Kennzeichen eines Individuums oder eines Gegenstandes zu vermehren, so zeigt sich im wertenden Vergleich das Bedürfnis, ihnen einen Rang zu verleihen oder sie in eine Rangfolge zu bringen.

Der Erhöhung entspricht die Herabstufung – etwa, wenn Joschka Fischer den Außenminister nach dessen Wahlniederlagen mit einem Klammeräffchen vergleicht, das sich verstärkt an den Bundeskanzler halten wird – oder, polemisch ausgedrückt, die Verharmlosung, die Relativierung. Vergleiche von historischen Daten beweisen es immer wieder. Blickt man von Hiroshima auf Pearl Harbor zurück, dann erscheint der japanische Angriff weniger katastrophal im Vergleich zu den Folgen, die der erste Atombombenabwurf hatte. Der Vergleich zeigte – und zeigt heute noch – eine ähnlich entlastende Wirkung wie eine Gegenüberstellung der beiden zerstörten Städte Dresden und Coventry. Freilich, wenn man schon Vergangenheiten miteinander vergleicht, dann sollte man es nicht damit bewenden lassen, nur die Folgen von etwas in Beziehung zu setzen; die Erwähnung der Ursachen gehört allemal dazu, denn sie erst rechtfertigen die Angemessenheit eines Vergleichs. Die Rauchsäulen der Geschichte, von ständig wechselnden Winden bewegt, können nur in ihrer gesamten Bedeutung und Maßstäblichkeit beurteilt werden.

Maßstäblichkeit heißt, daß im wertenden Vergleich eine Erkenntnis ermittelt wird, die, allumfassend, als übertragbar erscheint. Wenn Allan Bullock die »offene Despotie« Hitlers mit der »verdeckten Despotie« Stalins vergleicht, dann hebt er nicht nur hervor, was den beiden Gewaltsystemen eigen ist, sondern macht auch unwillkürlich deutlich, was zum System einer Despotie schlechthin gehört. Nichts wird unterschlagen, jedes Kriterium wird einem andern gegenübergestellt: die »von oben gemachten Revolutionen« und die Sicherung gewonnener Machtpositionen, die Instrumentierung des Terrors und die beispiellose Anwendung von Propaganda, die Entscheidungsallmacht und die Menschenverachtung – die Kennzeichen jeder Despotie werden augenfällig. Bullock gerät nicht in die Versuchung, spekulativ zu erörtern, inwieweit sich die beiden Despotien

bedingen; er vergleicht sie vielmehr, er zieht Parallelen und vermißt sie so in ihrer furchtbaren Einzigartigkeit.
Nicht alle Erscheinungen, die sich anbieten, auf wertende Weise verglichen zu werden, werden auch auf ihre Gleichartigkeit überprüft. Es gibt aufschlußreiche Unterlassungen, Verzichte, die ein unausgesprochenes Vergleichsverbot vermuten lassen, jedenfalls eine Art von Tabuisierung. So haben wir zur Kenntnis genommen, daß nach dem Krieg jeder Vergleich zwischen Faschismus und Kommunismus als unstatthaft galt, und wer sich dennoch bereitfand, einen Vergleich zu ziehen, wurde beinahe automatisch entweder als Profaschist oder als Antikommunist etikettiert. Francois Furet, der sich über das Veto hinwegsetzte und Parallelen zog zwischen beiden Totalitarismen, hat die Gründe genannt. Er verweist darauf, daß der Sieg des sowjetischen Kommunismus über Hitler zu einem »Freispruch durch die Demokratie« geführt hat. Er stellt fest, daß das Verbrechen des Faschismus universell ist, »während das sowjetische Regime vor allem Russen getötet hat«. Und er folgert, daß der Kommunismus solange kritischen Rabatt erhalten wird, wie Millionen Menschen in der Welt ihm noch gläubig anhängen. Ein Terror, der im Dienste guter Absichten steht, findet milde Richter.

VII.

Vorausgesetzt, daß es *den* Deutschen und *den* Engländer gibt, wird ein Versuch, sie miteinander zu vergleichen, auf eine Abgrenzung hinauslaufen. Wir sammeln und sichten das, was sie unterscheidet, und bündeln diese Kriterien zu einer nationalen Identität. Dem einen attestieren wir beispielhaften Pragmatismus, dem anderen folgenreiche Realitätsferne; dieser ist ein leidenschaftlicher Verteidiger des Persönlichkeitsrechts, jener akzeptiert ein verordnetes Dasein; mit jedem Merkmal, das wir aufzählen, wird die Ungleichheit offenkundiger, und das Trennende wird bestätigt. Der abgrenzende Vergleich führt zu der Schlußfolgerung, daß Engländer nur Engländern und Deutsche nur Deutschen gleichen können. Doch er legt auch die Vermutung nahe, daß sich hinter dem Bedürfnis nach nationaler Identität der Wunsch verbirgt, sich einer gewissen Konformität zu unterwerfen. Das Verlangen nach Aufhebung der Isolation ist dem Individuum eingeboren.

Wenn Lew Kopelew das Erscheinungsbild des Russen in der deutschen und das des Deutschen in der russischen Literatur vergleicht, dann grenzt er nicht allein ab; er schafft auch die Voraussetzung für Urteile. Wir nehmen dargestellte Schicksalsdemut auf der einen und rücksichtslosen Perfektionismus auf der anderen Seite nicht achselzuckend zur Kenntnis, lassen es nicht bewenden mit ermittelter Leidenswilligkeit dort und erkannter Besserwisserei hier. Wir beziehen die Erscheinungen unmittelbar auf uns und fällen ein Urteil, stellen also zunächst fest, was anderen eigen und uns nicht eigen ist, fragen nach der Bedeutung dessen, was annehmbar ist, und verleihen schließlich ethnischen Merkmalen einen Wert. Damit nicht genug, wirft der Vergleich auch die Frage auf: Wem möchtest du nun selbst gleichen, wenn auch nicht in der Gesamtheit, so doch teilweise? Und mit dieser Frage gibt man zu erkennen, daß die Urteile, zu denen wir aus solch einem gezogenen Vergleich gelangen, nur subjektiv sein können. Wer die Welt interpretiert – und sie besteht zu einem guten Teil aus Interpretationen –, legt auch sich selbst aus. Subjektivität ist unüberwindbar; der Trost, den sie uns läßt, besteht darin, daß ihre Erkenntnisse widerrufbar sind. Objektivität ist ein unerfüllbares Versprechen.

VIII.

Erkannte Unterschiede stimulieren, sie lösen Impulse aus, mitunter wecken sie gewisse Affekte. Ein gewöhnlicher Affekt, der unsere Wahrnehmung beeinflußt, unsere Urteile kennzeichnet und unser Befinden bestimmt, ist der Neid. Gleichviel, um welche Art von Neid es sich handelt:

immer ist er das Ergebnis eines Vergleichs. Wir vergleichen unser Haus mit dem des Nachbarn, messen den eigenen Erfolg an dem des Kollegen, ziehen Parallelen zwischen dem persönlichen Lebensstil und dem unseres Arbeitgebers und kommen zu dem Fazit, daß es ungerecht in der Welt zugeht. Dabei lassen wir etwas außer acht: wir vergleichen nur das, was ist, und nicht, wodurch das, was ist, geworden ist. Der Wunsch nach ausgleichender Gerechtigkeit läßt uns friedlos sein, er »frißt« an uns, fördert die Aggression. Die Neigung, sich zu vergleichen, verhindert die Selbstgenügsamkeit – eine Erfahrung, die für das gesellschaftliche Verhalten nicht ohne Bedeutung ist.

IX.

Bei dem Versuch, etwas mit einem anderen zu vergleichen, entdecken wir die Komplexität der Dinge. Sie zeigt sich unter anderem darin, daß sie – immer – mehr als ein Gleichheitsmerkmal zugibt. Es bieten sich Möglichkeiten an. Wiederum stehen wir vor einer Wahl, und wir wählen das, was unsere Erfahrung, unsere Lage oder unsere Sehnsucht uns nahelegt. Auch der inspirierende Augenblick kann den Vergleich mitbestimmen. »Gabriela wie Zimt und Nelken« ist also nur eine Möglichkeit des Mädchens; der Vergleich, in dem sie derart gefangengesetzt wurde, könnte durchaus auch – bei entsprechender Vorgeschichte – anders ausfallen, zum Beispiel: Gabriela wie Grieß und Bittermandeln. Damit, das ist klar, wäre Gabrielas angedeutete Köstlichkeit in Frage gestellt. Wenn jemand schreibt: »Die Erinnerung ist wie das Aufflackern eines Streichholzes in der Nacht«, dann charakterisiert er lediglich seine augenblickliche Erinnerungsmöglichkeit, ihre Bemessenheit, ihre Dürftigkeit. Die offen zutageliegende Komplexität der Erinnerung läßt sehr viel mehr zu; Erinnerung könnte ebenso mit dem Versuch verglichen werden, Vergangenheit neu zu erfinden, wie mit dem Wunsch, sich selbst mit einem Spaten umzugraben.

Ebenbildlichkeit ist keine unbedingte Voraussetzung für den Vergleich. Die Lotosblüte und das Wort haben allem Anschein nach nichts Gemeinsames; wenn aber zu lesen ist: »Das Wort sinnreich wie eine Lotosblüte«, wird durch die Zuschreibung einer Eigenschaft eine Beziehung hergestellt. Der Sinnreichtum der Wortes liegt auf der Hand; worin aber zeigt er sich in der Lotosblüte? Nur in der Schönheit der Wasserlilie? Oder in ihrer außerordentlichen geistigen Wirkung, die, wie Homer von den Lotosessern erzählt, vieles mit sich bringt, sogar, daß man sein Vaterland vergißt? Oder in ihrer symbolischen Bedeutung in verschiedenen Mythologien? Der erwiesene Sinnreichtum beider Begriffe läßt einen Vergleich zu.

X.

Alle Menschen sind sterblich – Gajus ist ein Mensch – Gajus ist sterblich: die klassische Schlußfigur der Logik läßt eine tröstliche Vergleichbarkeit jedes Menschen mit einem anderen vermuten. Dennoch belehrt uns die Geschichte, daß einige sich für »gleicher« halten – so jedenfalls äußert sich der Spott der Wehrlosen –, und das heißt hier: für unvergleichbar. Was diese wenigen für sich in Anspruch nehmen, könnte indes mit gutem Recht jeder für sich reklamieren; denn jeden erreicht einmal die Erkenntnis der Individuation: jetzt bist du allein, jetzt bist du einzig, jetzt bist du ausschließlich nur du. Lange läßt sich diese Erkenntnis allerdings nicht pflegen, jeder – er mag sich noch so einzig vorkommen – wird alsbald gewahr, daß es die anderen gibt, von denen er abhängt, mit denen er teilt. Was immer die anderen für ihn darstellen, Verheißung oder Hölle: sie heben die Einzigkeit auf. Sie stiften zum Vergleich an, sie setzen uns ihm aus. Dabei wird von selbst eine kollektive Erfahrung erkennbar: wir werden an das unabwendbare Schicksal aller erinnert. Und das könnte zu der Entscheidung führen, befristetes Leben neu zu bestimmen. Camus hatte diesen Traum.

Die Darstellung des Alters in der Literatur

»Ein Mann wird älter«: so heißt ein Roman von Italo Svevo, der längst zur klassischen Moderne der italienischen Literatur gehört. Der Originaltitel lautet schroffer, apodiktischer: »Senilitá«, also Greisenhaftigkeit. Vorbereitet oder schon eingestimmt durch den Titel, erwartet man, in das Leben eines bejahrten Mannes eingeweiht zu werden, in seine Konflikte, seine Anomalien, in jedem Fall: in seine Verluste. Die Hauptfigur, die durchaus demonstrativen Charakter hat, heißt Emilio Brentani, und womit uns dieser erfundene Herr am nachdrücklichsten verblüfft, ist sein Alter. Nach dem Willen seines Autors nämlich, der den Titel »Senilitá« selbstverständlich rechtfertigen möchte, ist Emilio Brentani ganze fünfunddreißig Jahre alt. Da fragt man sich doch skeptisch, ob ein Fünfunddreißigjähriger denn überhaupt dazu taugt, die vertrauten Symptome des Alters zu belegen, die sich im allgemeinen erst an der letzten Wegbiegung des Lebens zeigen.
Und die Skepsis behält zunächst recht: Emilio un-

terhält uns nicht mit Alters-Neurosen, er ist weder geizig noch zänkisch oder wunderlich, sein Gedächtnis ist nicht porös geworden, Endzeit-Resignation lähmt ihn nicht, er erschüttert uns nicht, wie Tolstois Fürst Andrej, mit moderaten Delirien und scheint weit entfernt vom visionären Wahnsinn eines König Lear. Senilità, so erfahren wir dann aber beiläufig, findet ihren Ausdruck bereits in unscheinbaren, alltäglichen Grundsätzen und Bekenntnissen. Wenn Emilio sagt: »Ich liebe dich sehr und ich möchte, daß wir in deinem Interesse sehr vorsichtig sind«, dann erscheint er alt, jenseits von Leidenschaft und Risikobereitschaft. Er zweifelt an der Möglichkeit seines Glücks. Er beruft sich auf Erfahrungen, die aus Büchern stammen, und von denen er glaubt, daß sie ihn jede Gefahr für sich erkennen lassen. Nie hat er ein stärkeres Gefühl erlebt. Seine Leiden »sind ausdauernd, aber nicht sehr intensiv«. Er empfindet sein Leben als eine Öde, »farblos und eintönig«. Er hat seine Schwächen erkannt und sich mit ihnen abgefunden. Die Sehnsucht nach Ruhe und Sicherheit verdrängt jeden anderen Wunsch.

Was Italo Svevo uns durch seine Demonstrationsfigur zu verstehen geben möchte, wird deutlich genug: der Begriff des Alters umfaßt mehr als nur körperlichen Verfall und geistige Erbärmlichkeit, er schließt in seiner Komplexheit etwas ein, das man allgemein Lebenshaltung nennen kann. Man muß nicht alt an Jahren sein, um als alt zu gelten; auch ein Fünfunddreißigjähriger kann uns mit seinem Verzicht auf aktive Ziele die Fatalität des Alters vor Augen bringen: ich habe meine Grenze erkannt, alle Unternehmungen sind sinnlos, Indifferenz ist meine Antwort an die Welt.

Andererseits – und das verweist auf die erstaunliche Relativität des Begriffs – wird uns hier und da das schablonenhafte Bild des ehrgeizigen Greises vermittelt; im sogenannten Herbst des Lebens stehend, im Besitz von angesammelter Erfahrung, weißhaarig, doch mit dem Elan der Jugend versucht er noch einmal, der Welt seinen Stempel aufzudrükken: Seht her, ich habe meine Flagge aufgezogen, jetzt könnt ihr noch einiges von mir erwarten. Die launige Warnung von Shaw ist unvergessen: »Nehmt euch vor alten Männern in acht, sie haben nichts mehr zu verlieren.« Alter wird gleichgesetzt mit Freiheit, mit großer Ernte, mit jener Rücksichtslosigkeit, die letzte Meisterschaft begünstigt. Keineswegs indifferent gegenüber der Welt, träumt man noch einmal von wesentlicher Aktion, von Ruhm und Prestige. Daß die Auflehnungen des alten Menschen gegen den Verfall, daß seine Bemühungen um Geltung oft so bemitleidenswert erscheinen, ja mitunter sogar lächerlich, hat seinen Grund: er liegt in der tragischen Hoffnungslosigkeit des Handelnden. Die Wahrheit der abgelaufenen Zeit widerlegt alle Entwürfe des Abends.

Was wir Alter nennen, zeigt sich uns in sehr verschiedenen Erscheinungsformen und Zuständen, es wird unter verschiedenen Bedingungen erfahren, wird unter verschiedenen Aspekten interpretiert. Alter ist längst zum Synonym geworden für einen generellen, wenn mitunter auch irisierenden Befund. Es ist hinreichend biologisch definiert und sozial, es ist medizinisch bestimmt und gesellschaftlich erschlossen. Und unser Sprachhaushalt beweist uns einen verblüffenden Reichtum der Verbindungen mit dem Wort »alt«; er reicht von altbacken und altedel bis zu Goethes »altverfallenem« Haus. Daß sich die Literatur des alten Menschen annahm, ihn darzustellen versuchte an seinem Ende und vor dem Nichts, erscheint mir unvermeidlich; denn dies galt ja der Literatur von Anfang an: vor Augen zu führen, was es heißt, befristet in der Welt zu sein und am Schicksal des einzelnen den Zustand des Allgemeinen deutlich zu machen. Um das Leben in allen Manifestationen erkennbar zu machen, wählt Literatur den einzelnen und wendet sich an den einzelnen: er stellt das beziehungsvolle Beispiel dar. Was aber trägt sie bei zur Erkennbarkeit des Alters, welch ein Bild, welch ein Urteil legt Literatur uns nahe?
Soviel läßt sich sagen: eine uneingeschränkte Feier des Alters – für die André Gide nur Verachtung empfand – bietet uns die Literatur, soweit ich weiß, nicht an. Keine ausgebreitete Schönheit des

Greisentums, kein früchtereicher Herbst der Patriarchen, keine Edelreife im Dämmerlicht, statt dessen Einsamkeit und Kälte, geistiges Elend und all die Treulosigkeiten des Körpers. Auch Shakespeare ließ keinen Zweifel an seinem Urteil über das Alter. »Hier steh ich,« läßt er seinen König Lear sagen, »ein alter Mann, arm, elend, siech, verachtet«, und gleich mehrere Symptome des Alters erwähnend, läßt er Lear bekennen: »Ich bin ein schwacher, kindischer alter Mann, achtzig und drüber: keine Stunde mehr noch weniger, und grad heraus, ich fürchte fast, ich bin nicht recht bei Sinnen. . . ich begreif es nicht, an welchem Ort ich bin; all mein Verstand entsinnt sich dieser Kleider nicht, noch weiß ich, wo ich die Nacht schlief.« Kindisch, von seinem Gedächtnis verlassen und nicht bei Sinnen: Lear hat die Tribute ans Alter entrichtet, es ist zu spät für ihn, die erträumte neue Ordnung zu schaffen, die aufzuckende Leidenschaft führt zu nichts, der Rest ist Wahnsinn. Lears Gegner, so scheint mir, ist auch die Zeit, die abgelaufene Zeit: sie vereitelt, daß sein visionäres Zerstörungswerk gelingt. Am Ende steht die niederschmetternde Erkenntnis: »Ist der Mensch nicht mehr als das? Ein armes, nacktes, zweizinkiges Tier wie du?«

Alter ist keine Zumutung, es ist vielmehr eine alltägliche Auferlegung, ist ein Refrain der Zeit. Und der Verfall ist kein Makel, sondern gegeben: das

Leben nimmt sich mit Gewalt, was es einst dem Menschen zuerkannt hat. Kein Schriftsteller hat uns so eindringliche Protokolle dieses Verfalls hinterlassen wie Samuel Beckett. Diese epischen und dramatischen Protokolle ergreifen uns durch ihre Gelassenheit und lassen uns erstaunen durch ihre Protestlosigkeit. Der Mensch wird nicht als heroisches Opfer des Alters dargestellt, sondern als Erscheinung, die, wenn sich die unaufhaltsamen Schwächen und Verluste einstellen, einfach vergeht. Es ist ein allmähliches Vergehen, und es ist fast immer das gleiche Ich, das sich eingesteht: »Ich versteh mich, alt wie die Welt, verrottet wie die Welt, überall amputiert, auf meinen treuen Stümpfen stehend.« Doch was der Alte wahrnimmt, das sind nicht allein Gleichgewichtsstörungen und Steifheit der Glieder, es ist auch das Versiegen der Sprache, und damit büßt er seine hoffnungsvollste Fähigkeit ein, denn: »Solange die Worte mir einfallen, wird sich nichts ändern, schon wieder die alten losgelassenen Worte. Sprechen ist das einzige Mittel, sprechen, sich aussprechen, hier wie jederzeit, das einzige.« Er stellt fest, daß er leiser spricht, daß die Pausen immer länger werden zwischen den Worten, den Sätzen, den Silben, den Tränen, »ich verwechsle sie, Worte und Tränen, meine Worte sind meine Tränen...« In erbarmungsvoller Isolation, der Sprache beraubt, der Funktionsfähigkeit der Gliedmaßen beraubt, nicht aufrecht, sondern nur noch kriechend bewegt sich der alte Mensch bei Beckett dem Ende zu, der Auflösung. Das Leben ist für ihn eine abgeschlossene Sache, mitunter kommt es ihm wie ein Spaß vor. Ja, Beckett zeigt, daß es auch in der extremen Lage der Endzeit möglich ist, zu lächeln; sein manchmal abgründiger Humor besiegt dann das Elend des Alters. Mit welcher Haltung man der Auflösung begegnen kann, demonstriert seine Figur Molloy in dem gleichnamigen Roman. »Manchmal«, sagt Molloy, »vergaß ich nicht nur, wer ich war, sondern daß ich war, ich vergaß mein Dasein... ich ließ mich von sanften Stengeln und Wurzeln durchdringen... ich füllte mich an mit der Ruhe der Nacht und der Erwartung des Sonnenaufgangs... Oder ich war der unsichere Frieden dieses Winters, das Schmelzen des Schnees, der nichts ändert, und das Grauen des neuen Beginns.« Und dann bilanziert Molloy: man muß gleichgültig bleiben gegen alles, was einen daran hindert, den Faden des Traums zu verlieren. Kein Protest also, keine Auflehnung, sondern Gleichgültigkeit: das ist eine mögliche Haltung in der Endzeit.

Es ist in der Tat eine mögliche Haltung, und die Literatur macht uns darauf aufmerksam, daß es auch andere Haltungen gibt, eine andere Art der Gegenwehr, die herausgefordert wird durch die Erkenntnis, am Ende zu sein. Sich nicht abzufinden, sich nicht geschlagen zu geben durch das Alter: das gehört nun einmal zum Verhaltenskodex der Helden von Ernest Hemingway. Zwar erfahren auch sie die Bitterkeit von Niederlagen, müssen gegen Schwäche und Furcht ankämpfen, doch ihr Scheitern hat den Glanz des Heroischen – und nicht nur dies. Hemingway war davon überzeugt, daß es eine Würde des Tragischen gibt, und in seiner Erzählung »Der alte Mann und das Meer« versucht er nichts weniger, als einen Beweis dafür zu geben. Sein alter Fischer ist wirklich alt, er ist dünn, hager, seine Backenknochen haben die braunen Flecken von harmlosem Hautkrebs, sein Alter ist, wie er sagt, seine Weckuhr. Er hat – und das ist bemerkenswert – einen Zustand der Demut erreicht, von dem er weiß, daß er »nicht entehrend« ist. Die Demut ist ein Ergebnis langer Erfolglosigkeit auf dem Meer. Doch dann beginnt der Kampf mit dem riesigen Fisch, dem Fisch der Träume, und der demütige Alte läßt sich auf die größte Herausforderung seines Lebens ein. Ihn verlangt es nach einem letzten Selbstbeweis. Kraftlos, müde, nur auf sich selbst angewiesen, sagt er: »Der Mensch darf nicht aufgeben; man kann vernichtet werden, aber man darf nicht aufgeben.« Daß der Alte den Kampf verliert, daß Haie ihm die Beute entreißen, ist sozusagen vorgegeben, ein Triumph widerspräche der Wahrheit unserer Welterfahrung. Dennoch, der Besiegte hadert nicht, er gibt sich geschlagen, und darüber nachdenkend, was ihn geschlagen hat, findet er zu der lakonischen Einsicht: »Ich bin zu weit hinausgefahren.« Und das heißt wohl nichts anderes, als daß er zuviel gewagt hat, daß er sich überschätzt hat. Seine Einsicht hat konkrete und symbolische Bedeutung, und durch seine Haltung gibt er zu verstehen, daß der Gedanke, im Alter geschlagen zu sein, mit Maßen ertragbar ist. Wir haben keine Wahl, als die Verluste des Alters anzuerkennen, doch wir sind nicht bereit, sie unterwürfig hinzunehmen.

Dem Alter beizukommen, es nicht als Schiffbruch zu empfinden oder als ruinöse Kalamität, sondern es mit einer Gelassenheit durchzustehen, die man beneidenswert nennen möchte: Fontane zeigt es an seinem Dubslav von Stechlin. Dieser alte Junker – mit Selbstironie begabt und gewohnt, »hinter alles ein Fragezeichen zu machen« – hält sich für einen vergrätzten Einsiedler, was er, von außen betrachtet, aber keineswegs ist. Er ist ein gerecht denkender Mann, der jeden Dünkel verabscheut, der die freie Meinung verteidigt und »unanfechtbare Wahrheiten« für Unfug hält. (Wenn er gereizt war, bekannte er sich sogar zur Sozialdemokratie.) Sein Prinzip – und das wird unzweifelhaft durch das Alter bestimmt – heißt: Leben und leben lassen. Alter macht nachsichtig, macht mitunter, wie die Krankheit, gefügig. In seinen Meditationen auf einer alten Steinbank, während er sein Leben überdenkt, kann er sich bestätigen, seine Pflicht getan zu haben. Souverän, wie dieser ganze Kerl ist, quittiert er, was das Alter mit sich bringt. Er sagt: ... »ich muß frische Luft haben. Vielleicht erstes Zeichen von Hydropsie. Kann eigentlich Fremdwörter nicht leiden. Aber mitunter sind sie doch ein Segen. Wenn ich so zwischen Hydropsie und Wassersucht die Wahl habe, bin ich immer für Hydropsie. Wassersucht hat sowas kolossal Anschauliches.« Daß er, als Kranker, in gewissen Momenten auch eigensinnig sein kann, versteht sich von selbst. Da er es schlicht für dumm hält, ohne Hoffnung zu leben, läßt er sich nicht nur von einem Arzt, sondern auch von einer Kräuterhexe therapieren. Selbstverständlich fragt er die Alte, was sie ihm zusammengebraut hat, und als er erfährt: Bärlapp und Katzenpfötchen, sinniert er: »Nu ja, nu ja, das kann schon helfen. Dazwischen liegt eigentlich die ganze Weltgeschichte. Mit Bärlapp zum Einstreuen fängt die süße Gewohnheit des Daseins an, und mit Katzenpfötchen hört es auf... Katzenpfötchen, die gelben Blumen, draus sie die letzten Kränze machen.« Und er fügt hinzu: »Na, wir wollen sehen.« Er ist siebenundsechzig, also in dem Alter, in dem man als Stechlin stirbt – aus Familientradition. Auch wenn er Phasen von Angst durchstehen muß, erkennt er am Ende: ein ewig Gesetzliches vollzieht sich, weiter nichts...

In das Gesetzliche sich ruhig schicken, das macht den sittlichen Menschen und hebt ihn. In einem Nachruf auf ihn erfahren wir: »Er war das Beste, was wir sein können, ein Mann und ein Kind.«
Das Urteil gab zu manchen Betrachtungen Anlaß, und zwar zu recht; denn man fragt sich, wie das Kindliche, das bis ins Alter bewahrt wird – oder dann wieder zum Vorschein kommt –, bewertet werden kann. Müssen wir dem Alter eine eigene Unschuld zuerkennen? Müssen wir ihm Rabatt geben? Müssen wir ihm Wirklichkeitsverlust zugute halten? Findet das Leben im Alter tatsächlich zu Ausdrucksformen zurück, die für den Anfang charakteristisch sind? Es ist wohl anzunehmen, daß die Erscheinung des kindlichen Greises, sanft in Goldschnitt gefaßt, eine Wunschvorstellung des Theologen ist, also von Pastor Lorenzen, des alten Stechlin langjährigem Freund. Beckett, dem kläglichen Dasein des Lebensendes nachspürend, kommt zu einem anderen Ergebnis: er findet nicht das übersonnte kindliche Wesen, sondern den kindischen Alten, der sich selbst unbekannt geworden ist.
Die Bekenntnisse alter Menschen, die die Literatur aufgehoben hat, lassen keinen Zweifel daran, daß begriffene Endzeit den Charakter verändert. Von Trübsal überwältigt, mit verfinsterter Seele, mit »der Eselslast der Zeit« auf dem Rücken – wie Ionesco in seinem Tagebuch schrieb – verändern

sich überkommene Eigenschaften; Härte tritt an die Stelle von Sanftmut, Verbitterung löst Selbstzufriedenheit ab, Fühllosigkeit und Gereiztheit besetzen gegenteilige Eigenschaften. Der gefaßte, souveräne Alte findet sein Gegenbild. Tolstoi läßt uns ahnen, daß ein inspirierendes Gefühl des Alters der Neid sein kann, der Neid auf die, die noch leben oder ihr Leben noch vor sich haben. Worin habe ich mich denn vergangen, fragt Prinzessin Marja den kranken Fürsten Andrej, und dieser antwortet kalt: »Darin, daß du lebst und an einen Lebenden denkst, während ich...« Fürst Andrej fühlt den nahen Tod. Die Menschen, die sich seiner annehmen, mustert er nicht nur mit kaltem, sondern auch mit feindseligem Blick, und aus diesem Blick, so heißt es, »sprach ein Fremdgewordensein gegenüber allem Irdischen.«
Er hatte etwas verstehen gelernt, »was die Lebenden nicht verstanden und nicht verstehen konnten, und was ihn vollkommen in seinem Bann hielt«. Was es ist, darüber werden wir nicht im Unklaren gelassen; denn in einem stillen Selbstgespräch äußert Fürst Andrej die Überzeugung, daß sie – also die noch Lebenden – nicht verstehen, daß alle diese Empfindungen, die sie für so wertvoll halten, »alle unsere Gefühle, alle diese Gedanken, die uns so wichtig erscheinen, daß die alle nichts wert sind«. Er glaubt, eine Entwertung aller Werte festgestellt zu haben. Das Alter wird zu einer langsamen Ent-

eignung des Lebens, und da jede Auflehnung dagegen nutzlos ist, wird in Frage gestellt, woran man einst geglaubt hat.
Es gibt Augenblicke, in denen der alte Mensch sein Alter als Kränkung empfindet – ein Anlaß für ihn, sich daran zu erinnern, was er einmal war: unternehmungslustig zum Beispiel, belastungsfähig, aktiv, und nicht zuletzt: gutaussehend. Ich glaube jeder alten Frau, die von sich sagt: Einst war ich ein schönes Kind. In der Rückkehr zur Kindheit liegt ein unwillkürlicher Protest gegen den augenblicklichen Zustand. Die radikale Entwertung, die Fürst Andrej vornimmt, findet hier eine Art verzweifelter Entsprechung: es kann doch nicht alles unwichtig und sinnlos gewesen sein. In der Spur der Jahre muß doch etwas zu finden sein, was zu der Feststellung berechtigt: es hat sich immerhin gelohnt. Erinnern, um sich nicht aufzugeben, um den sogenannten Ruhestand auszuhalten: auch dies ist eine Entgegnung auf das Alter, es kann bereits eine rettende Aktivität sein. Es mutet ja wie ein Muster an: wenn wir uns der Mattigkeit überlassen, dem Dämmern der Leere, wenn wir uns von allen Bindungen verabschieden, dann hat die Selbstaufgabe stattgefunden, und es ist nur noch ein Schritt bis zur letzten Schwelle. Wie ein Ende – musterhaft – beschleunigt werden kann, hat Thomas Mann an Johann Buddenbrook senior veranschaulicht. Nachdem der weltläufige Kaufmann

die ehrwürdige Firma seinem Sohn übertragen hatte mit allen Aktivis und Passivis, war er nicht mehr bereit, seinen Fuß ins Kontor zu setzen. Der tätige Mann zeigt nunmehr etwas, das die, die ihn kennen, erschrecken läßt, eine, wie es heißt, »nachdenkliche Apathie«. Die hat hier selbstverständlich signalhafte Bedeutung, und so hebt denn der Erzähler hervor, daß es bei diesem Zustand nur eines »kleinen Frühlingsschnupfens« bedarf, um den Senior Buddenbrook bettlägerig zu machen. Kurze Zeit darauf verabschiedet er sich mit einer patriarchalischen Sterbeszene, gibt in letzter Minute noch Ratschläge, ermutigt, fordert auf, und das Wort, mit dem er das »geräuschvolle Getümmel« seines Lebens auch schon früher bilanzierte, ist nun sein Abschiedswort: »Kurios«.

Ruhestand, für viele Menschen ein erwartetes Sehnsuchtsgefühl, erweist sich oft als ein höchst problematischer Zustand. Von der Arbeitswelt getrennt, von Pflichten entbunden, nur noch damit beschäftigt, übriggebliebene Zeit hinter sich zu bringen, »totzuschlagen« – *leftover time to kill*, wie die Engländer sagen, – stellt sich alsbald das Gefühl ein, nutzlos geworden zu sein, und in einem zwangsläufigen Parallelismus findet die seelische Situation einen körperlichen Ausdruck. Der Traum von freier Selbstbestimmung endet nicht selten in bedingter Hinfälligkeit, in eingestandener Lebenserschöpfung. Man kann Hemingway in gewisser Weise zustimmen, der das Wort Ruhestand abstoßend genannt hat – es erinnert an Wartesaal vor dem Ende oder, wie er sagte, an den Abstieg ins Grab. Was er, dieses Abbild tatenfroher Männlichkeit, unausgesprochen ließ, ist nicht weniger, als daß man das Alter nicht darauf festlegen sollte, lediglich alt zu sein und die Einwände der Biologie zu respektieren.

Es ist klar: wie jede Erscheinung, so läßt sich auch das Alter von außen betrachten. Und zu dem Bild, das wir uns von ihm machen, gehören gewisse Normen des Verhaltens ebenso wie Gebote des Augenscheins. Die Aufforderung, sich seinem Alter gemäß zu verhalten, erinnert uns daran, daß die erreichte Endzeit Verpflichtungen mit sich bringt. Man darf nicht mehr beliebig leben, nicht über die Stränge schlagen. Angemessenheit ist empfohlen, und das heißt: der alte Mensch kann sich nicht beliebig kleiden, ernähren, frisieren, er sollte sich keine Extravaganzen leisten, keine verwegenen Pläne machen, keiner ungebührlichen Leidenschaft frönen. Auf gar keinen Fall sollte er den kümmerlichen Versuch machen, sich nach unten anzupassen, zur Jugend hin. Was ihm zugestanden, was von ihm erwartet wird, ist allem Anschein nach dies: lächelnde Entsagung, Stille, Gefügigkeit, kurz, unbemerktes Dasein. Würde im Verzicht, das soll er zeigen.

Wodurch gegen diese angenommene Würde verstoßen werden kann, Thackeray hat es berichtet in seinem »Jahrmarkt der Eitelkeiten«. Von der alten Miss Crawley heißt es, daß sie gottlos ist, weil sie die abendlichen Andachtsstunden nicht besucht. Außerdem aber wird Miss Crawley noch zu den Verworfenen gezählt, und die Gründe lassen sich hören: alt, wie sie ist, wird in ihr nämlich eine unglückliche Neigung erweckt – sie liebt auf einmal französische Romane, französische Küche und französische Weine. Von außen betrachtet, läßt sich diese Neigung natürlich nicht vereinbaren mit dem Entsagungsgebot des Alters.

Noch kurzweiliger aber korrigiert Bertolt Brechts »unwürdige Greisin« das klischeehafte Bild, das uns nahegelegt wird. In der gleichnamigen Geschichte lernen wir eine Frau kennen, die ihr Leben hinter sich hat. Sie hat sieben Kinder geboren, lebt allein in einem wackligen Haus, auf der kleinen Lithographenanstalt ihres gestorbenen Mannes lasten Schulden. Kargheit bestimmte den Alltag. Auf einmal – sie ist einiges über siebzig – tut sie etwas, was sie nie getan hat: sie geht ins Kino. Sie geht jeden zweiten Tag in den Gasthof, um dort zu essen. Sie macht allein mit einer Kutsche Ausflüge. Sie geht zu einem Pferderennen. Sie findet Gefallen an Gesellschaft und nicht zuletzt am Rotwein. Ihr erwachsener Sohn spricht von »unwürdiger Aufführung«; sie aber hatte nichts anderes im Sinn, als nach Jahren der Entbehrung ein zweites Leben zu leben – mit Hilfe einer Hypothek, die sie heimlich aufnahm. In dem Kommentar des Gastwirts: »Frau B. amüsiert sich ja jetzt« verbirgt sich die Ansicht, daß es Dinge gibt, die dem Alter nicht anstehen, die ihm nicht nachgesehen werden können.

Ich bin nicht dieser Ansicht; ich glaube vielmehr, daß wir kein Recht haben, Forderungen dieser Art an den alten Menschen zu stellen. Von anderen, denen alles schwindet, denen das Leben nur Aufschub gegeben hat, Angemessenheit im Verhalten zu verlangen, kann man wohl kosmetischen Hochmut nennen. Die schöne Greisin, der smarte Greis, die alle ihre Niederlagen verdrängen: sie können nicht das Wunschbild sein.

»Und Zeit verwüstet selbst, was sie gegeben hat«, heißt es bei Shakespeare; diese Verwüstungen – im übergreifenden Sinn – lassen sich nicht wegschminken, nicht kosmetisieren, wir sollten bereit sein, sie uns einzugestehen. Unvermeidlich, daß dabei ein gewisser Schmerz der Erkenntnis auftritt; im Bild des gealterten Freundes, den wir nach einer Ewigkeit plötzlich wiedersehen, erblicken wir das eigene Alter. Proust erzählt davon in der »Wiedergefundenen Zeit«, Dostojewski beschreibt den Augenblick schmerzhaften Erkennens in seinem »Jüngling«. Die Kennzeichen des Alters, die wir an anderen wahrnehmen, werden, wie Proust sagte, zur bestürzenden Offenbarung.

Auch Simone de Beauvoir, der wir ein profundes Buch über das Alter verdanken, gibt davon Zeugnis in ihrem ergreifenden Dokument »Ein sanfter Tod«. Über ein Wiedersehen mit ihrer alten, kranken Mutter notiert sie: ». . . ihr Nachthemd stand offen, und gleichgültig stellte sie ihren verrunzelten, von winzigen Falten überzogenen Bauch und ihre kahl gewordene Scham zur Schau. ›Ich schäme mich gar nicht mehr‹, sagte sie.« Die Tochter wendet sich ab, »verwundert über die Heftigkeit ihres Mißbehagens«, das durch die Unbekümmertheit der alten Frau verstärkt wird. Nicht zuletzt dadurch, daß die Mutter alle Verbote aufgibt und keine Scham mehr empfindet, glaubt die Tochter den Körper nur noch als Hülle wahrzunehmen, als ein »armseliges, wehrloses Wrack, in dem sich das Leben nur durch stumpfsinniges Beharrungsvermögen zu halten schien.« Was Simone de Beauvoir wie gelähmt sein läßt, ist der Mund der Mutter, dem sie »verdrängte Eßgier abliest, fast unterwürfige Demut, Hoffnung und Einsamkeit«. Während sie darüber mit Sartre spricht, verändert sich ihr Gesicht so, als hätte sie sich das Gesicht ihrer Mutter aufgesetzt, als ahmte sie es nach. Es ist nicht auszuschließen, daß hier eine unbewußte Antizipation ihren Ausdruck fand. Jedenfalls, der Augenschein ruft ein Mitleid hervor, das die Autorin herzzerreißend nennt. Mitleid mit einer alten Frau in Todesnähe: für

mich ist es, ganz allgemein, die selbstverständlichste menschliche Regung.
Seit es sie gibt, hat sich die Literatur des alten Menschen angenommen, hat ihn dargestellt mit seinen Heimsuchungen und Illusionen, in seinem Elend und dem Bedürfnis nach Anerkennung. Da liegt es nahe, zu fragen, wie die Schriftsteller selbst auf das Alter reagieren, welchen Einfluß das Bewußtsein der letzten Etappe auf ihre Arbeit hatte, und nicht zuletzt: wie Kunst auf Biologie einwirkte. Gottfried Benn hat ja in seinem Essay »Altern als Problem für Künstler« erklärt, daß die Kunst nach der einen Seite ihrer Phänomenologie hin »ein Befreiungs- und Entspannungsphänomen sei, ein kathartisches Phänomen«, und diese Phänomene, so meinte er, haben die »engsten Beziehungen zu den Organen«. Ruft man sich die erreichten Lebensalter etlicher Schriftsteller in Erinnerung, dann möchte man sogleich Benn zustimmen und die Kunst als Förderin der Biologie bezeichnen: Goethe 83, Shaw 94, Hamsun 93, Gerhart Hauptmann 84, Tolstoi 82, Fontane 79, Victor Hugo 83, Heinrich Mann 80, Gide 82 – die aufschlußreiche Liste läßt sich mühelos fortsetzen. Dennoch kann man die Erklärung, daß Kunst als zentraler Impuls die gesamte Existenz des Schriftstellers begünstigt, nur eingeschränkt gelten lassen. Was seine Arbeit angeht, so erfahren wir aus Tagebüchern, Briefen und Autobiographien, daß

das Alter unweigerlich seine Tribute fordert. Die Phantasie versiegt, die Projektionen der Wirklichkeit mißlingen; da die Kraft für schöpferische Entwürfe nicht ausreicht, greift man auf Erinnerungen zurück. Schnitzler konstatiert mit Trauer: »Zeit ist nur eine Einbildung. Aber das Altern ist real.« Gide fürchtet, sich zum Schluß nur noch zu wiederholen, Flaubert klagt über den Verlust der »Ausgelassenheit«, Mauriac entdeckt, daß erfundene Werke ihn weniger interessieren als das unbezweifelbare Dokument – ein Interessenwandel, den viele alte Menschen bestätigen können. Und noch etwas zeigt sich, bevor das Schweigen beginnt: die Herausforderungen werden selten oder nicht mehr angenommen, die Spannung läßt nach, es gibt nur noch die Realität der Todesnähe. Auch wenn hier und da bemerkenswerte sogenannte Spätwerke dagegen sprechen: im allgemeinen verhilft das Alter – im Sinne einer Steigerung – nicht zur Vollkommenheit; es erleichtert nicht einmal die Arbeit des Schriftstellers.

Das Alter ist ein so vieldeutiges Phänomen, es ereignet sich auf so vielfache Weise, es läßt sich unter so verschiedenen Gesichtspunkten bewerten, daß auch die Literatur nicht imstande ist, es in all seinen Dimensionen erschöpfend zu bestimmen. Was sie vermag, ist lediglich dies: einige Erscheinungsformen, einige Aspekte ins Bild zu bringen und den Wandel der Beziehungen zur Welt zu veranschaulichen, den das Alter mit sich bringt. Und auch das läßt Literatur uns schließlich erkennen: daß wir es uns schuldig sind, dem Alter mit Offenheit und Zuneigung zu begegnen, und, wo es uns möglich ist, mit Erbarmen.

Die vergebliche Hoffnung des Schriftstellers, von seinem Kritiker allumfassend verstanden zu werden – andeutungsweise gezeigt am Beispiel Jean Pauls

In Deutschland, so sagte Ludwig Börne, schreibt jeder, der die Hand zu nichts anderem gebraucht, und wer nicht schreiben kann, rezensiert. Er, der die ergreifendste, die innigste Gedenkrede auf Jean Paul hielt – und der es für nötig erachtete, den Dichter auch in dieser Rede gegen die Kritik in Schutz zu nehmen – Ludwig Börne stand mit seiner Ansicht nicht allein. Ob Goethe oder Adam Müller, Nietzsche oder Fontane – ja, auch Fontane –, sie und viele andere fanden Grund zu Klage und Protest, zu Groll und Verwünschung. Den Rezensenten zu verdammen: welch naheliegende Reaktion für den Getadelten! Ein getadelter Autor, der auf sich hält, kann nicht anders, er muß seinem Kritiker – hörbar, viel öfter aber unhörbar – antworten. Daß er ihn unhöflich nennt, geht noch; tiefer verwundet, bezichtigt er ihn der Bösartigkeit, des Hochmuts, der angemaßten Unfehlbarkeit; arg getroffen schließlich, läßt sich der Autor nur noch einen herabsetzenden Vergleich für den Kritiker einfallen: Görres etwa kam auf Klapperschlange.

Auch Jean Paul, der gelehrte Humorist und überschwengliche Idylliker, auch der Experte für filigranhafte Empfindungen, glaubte seinen Rezensenten etwas zurückgeben zu müssen: Quartalsrichter nannte er sie, Kopfabschneider, er nannte sie Gerichtshalter oder gar Vertilgungskrieger. Und einmal verglich er sie mit Kapaunen, »welche sich dadurch über alle Haushähne erheben, daß sie sich niemals mausern, sondern immer die alten Federn führen«. Der Autor von »Siebenkäs« und »Hesperus«, von »Titan« und »Flegeljahre« und nicht zuletzt der unerschöpflichen »Vorschule der Ästhetik« fühlte sich zu dieser verbalen Gegenwehr berechtigt – aus üblichem, aus verständlichem Grund: er hielt den Tadel für unverdient. Er glaubte sich nicht angemessen verstanden. Er vermutete insgeheim, daß Galle und Milzsucht das Kunsturteil mitbestimmt hätten. Womit aber wurden Tadel und Rüge begründet, für die der Dichter selbst den Ausdruck »Stinkblumen« fand?
Man warf ihm Weitschweifigkeit und Überladenheit vor, man nahm Anstoß an seinem verstiegenen Witz, an weithergeholter Bildersprache. Man stieß sich an befremdlicher Erzählform – immerhin will es geglaubt werden, daß, so im »Hesperus«, ein Hund dem Autor die Nachrichten über die Schicksale seiner Helden zuträgt. Seine Naturandacht empfand man als allzu schwärmerisch, seinen Humor und seine Kleinmalerei mitunter als

grillenhaft. Schließlich gab es auch etwas an seiner stupenden Gelehrsamkeit auszusetzen, die, so meinte man, seine künstlerische Arbeit beeinträchtigte; Heine nannte ihn »den konfusen Polihistor von Bayreuth«. Wahr ist: mühelos kann man sich die erzählte Welt von Jean Paul nicht aneignen; wer auf glatte, auf widerstandslose Inbesitznahme aus ist, wird sich in Geduld üben müssen. Zu reich ist sein Werk, zu freigebig und vertrackt und zu vielfältig seiner Zeit verpflichtet, einer Zeit erlesener Empfindsamkeit und beschränkter Zustände.

Doch erstaunlich genug: trotz aller temperamentvollen Beschwerde, trotz seiner phantasievollen Rezensentenschelte stellte Jean Paul keineswegs die Kritik grundsätzlich in Frage. Wie Friedrich Schlegel davon überzeugt war, daß »keine Literatur auf die Dauer ohne Kritik bestehen kann«, so gestand auch er ihr – direkt und indirekt – ihre Notwendigkeit zu. Und nicht nur dies: in gelassener Selbstprüfung kam das verschwenderische Erzählgenie auf die Idee, der Kritik einfach mal nachzugeben, sie anzuwenden, also zu verbessern, was sie getadelt, hinzuzufügen, was sie vermißt hatte, auszuflöhen, was ihr entbehrlich erschienen war. In mancher Vorrede zu neuen Auflagen bekennt er, was er sich hat einfallen lassen, um mit »der Baumsäge in der linken Hand und dem Okuliermesser in der rechten« seine Rezensenten zufriedenzustellen. In der Sprache Jean Pauls: Ausländer von Wörtern wurden des Landes verwiesen; neue Gedanken wurden ein- und alte ausquartiert; Charaktere wurden dort zu besseren Auftritten und Gesinnungen angehalten, hier allerdings auch zu schlimmeren; mit dem Jätemesser wurde »alles Genitiv- oder Es-Schmarotzer-Unkraut der Doppelwörter« ausgestochen; endlich wurden Verbesserungen vorgenommen, die sich »gegen Härten, Dunkelheiten, Mißverstand, Überlängen und Überkürzen« richteten.

Nach soviel Entgegenkommen des Autors wäre ein abschließendes Lob wohl gerechtfertigt, zumal er sich auch bereit gefunden hat, verstreute Hinweise zum vollkommenen Verständnis seines Werks zu geben. Seine Besorgnis, allumfassend verstanden zu werden, ging so weit, daß er zum Werk eine Leseanleitung mitlieferte, humorvolle Empfehlungen, die sogar das Wetter einschlossen. »Ich würde mein Werkchen«, so sagt er etwa, »Ende November lesen, der, wie der April und der Teufel, immer schmutzig abzieht, oder auch sonst bei starkem Schneegestöber und Windspfeifen; ich würde an einem solchen Abend mehr Holz nachlegen lassen und die Stiefel ausziehen, ferner die politischen Zeitungen einen Tag zu lange liegen lassen.«

Es ist charakteristisch für Jean Paul: nie gab er sich mit seinem enormen Reichtum an Sprache und

Phantasie zufrieden; das Bedürfnis, mehr zu erfahren, mehr zu lernen beherrschte ihn, das Lernfieber ließ ihn nicht los, und mitunter ging er so weit, einen Jenaer oder Leipziger Rezensenten in einer Vorrede darauf hinzuweisen, daß er ihre Verbesserungsvorschläge berücksichtigt habe. Was ihm vorschwebte, ist klar: bei allem Grimm gegenüber den Kritikern, die er einmal zum »literarischen Küchenpersonal« zählte, träumte er von einer emotionslosen Kooperation. Von dem Wunsch erfüllt, das unanfechtbare, das tadellose Kunstwerk zu schaffen, ließ er das prekäre Bündnis gelten. Und er gestand der Kritik etwas zu, das verwunderlich klingt und uns heute mehr denn je verblüfft: der Rezensent, so erklärte er, sollte mehr den Schriftsteller als den Leser aufzuklären suchen. Die Verblüffung dauert an, auch wenn man sich daran erinnert, daß er in dieser Hinsicht mit Goethe übereinstimmte. Der »kalte, einsilbige, akzentlose Gott«, wie Jean Paul ihn nach einem Besuch nannte, hatte sich in einem Aufsatz – »Graf Carmagnola noch einmal« – über zerstörende und produktive Kritik geäußert. Nach gemächlicher Beweisführung kam Goethe zu dem Ergebnis, »daß man mehr um des Autors als des Publikums willen urteilen müsse.«
Die Übereinstimmung ist schon erstaunlich; gleichwohl haben wir Grund zu der Frage, ob es tatsächlich die wichtigste Aufgabe der Kritik sei,

mehr den Schriftsteller als den Leser aufzuklären. Denn was heißt es: den Schriftsteller aufzuklären? Ihm ein Attest über seine Schwächen und Anfälligkeiten auszustellen? Ihm klarzumachen, warum er den Sprung über die Meßlatte nicht geschafft hat? Kann man andererseits signalhaftes Schulterklopfen bereits als Akt der Aufklärung bewerten? Oder darf man darunter Goethes Erwartung verstehen, dem »Autor nachzuhelfen«, und zwar, wie es bei ihm heißt, »einsichtig und liebevoll«? Wie immer, wenn der Rezensent es übernimmt, vornehmlich den Schriftsteller aufzuklären, das heißt, ihn mit Aussicht auf Vollkommenes in seiner Entwicklung zu beeinflussen, stellen sich Bedenken wie von selbst ein. Denn abgesehen davon, daß Kritik dem Leser und der Literatur insgesamt verpflichtet ist: der Aufklärung und lenkenden Betreuung des Schriftstellers, wie Jean Paul sie sich vorstellte, dürften Schwierigkeiten eigener Art erwachsen, praktische und ästhetische Schwierigkeiten. Gesetzt den Fall, ein Münchner Kritiker, der an mißglückter Literatur beredsam leidet, erklärte sich bereit, einen bedürftigen Autor mit Maßstäben und Mustern zu beliefern; er nähme Einfluß auf die Handlung; er korrigierte kapitelweise die Entstehung; er investierte selbstlos eigene Erfahrungen –, und alles mit dem Ziel, das Gelingen des Werkes zu ermöglichen. Wäre das Wunschresultat dann schon gesichert, der belletristische Olympiasieg garantiert? Müßten wir nicht vielmehr damit rechnen, daß das ideale Ergebnis der Gemeinsamkeit von einem Frankfurter Kritiker rezensiert werden könnte, der nicht nur beredsam, sondern auch körperlich an mißglückter Literatur leidet? Und was gar, wenn beide Kritiker höchst unterschiedliche ästhetische Maßstäbe haben und sich obendrein in herzlicher Abneigung zugetan sind?

Kein Zweifel, wir haben eine Kritik, aber wir haben auch Kritiker, und das besagt nichts anderes, als daß jeder Rezensent nach eigenen Maßstäben richtet, jeder ein eigenes Literaturverständnis hat – Spruch und Widerspruch: sie gehören zur Literatur. Jean Paul, der ja auch – denkt man an seinen Katzenberger – einen Sinn für das Burleske hatte, mochte es sich hier anscheinend nicht weiter vorstellen, wohin es einen Schriftsteller bringt, der gleichzeitig von einem Münchner und einem Frankfurter Kritiker aufgeklärt wird – ganz zu schweigen von zwei zusätzlichen Hamburgern. Er beließ es seinerzeit bei einer prinzipiellen Erklärung.

Literatur entsteht zweimal; zunächst durch den Autor, der ihr seine Fassung gibt, und dann durch den Leser, den Kritiker, der sie auf seine Weise noch einmal hervorbringt. Auch wenn es eine vergebliche Hoffnung des Schriftstellers sein sollte, von seinem Kritiker allumfassend verstanden zu werden: beide sind aufeinander angewiesen – in einem Gegenüber, das der Literatur insgesamt zugute kommt. Den Weg des Autors kennzeichnen Versuch und Irrtum, Erprobung und Scheitern und gelegentliches Gelingen. Vom Plädoyer des Kritikers erwartete Jean Paul, daß es nichts weniger als eine »gute Ästhetik und noch dazu eine angewandte« sei. Solch einen Anspruch zu stellen, hat ein Autor wohl das Recht; schließlich hat er erfahren müssen, daß auch der Rezensent irrtumsfähig ist. Ludwig Börne zum Beispiel hat die »Serapionsbrüder« von E. T. A. Hoffmann unfaßbar verkannt; nun gut. Für Jean Paul indes fand er in seiner Gedenkrede eine Bestätigung, wie sie ergreifender nicht gedacht werden kann. Jedem Land – so sagte er – ward für jedes trübe Entbehren irgendeine freundliche Vergütung. Der Norden ohne Herz hat seine eiserne Kraft, der kränkelnde Süden seine goldene Sonne, das finstere Spanien seinen Glauben, die darbenden Franzosen erquickt der spendende Witz, und Englands Nebel verklärt die Freiheit. Wir hatten Jean Paul...

Das Lächeln der Macht

Das Bild des Politikers in der deutschen Nachkriegsliteratur

Höhere Interessen, erhabene Interessen: die, so forderten die Autoritäten der Weimarer Klassik, müßten Verbreitung finden, um die rüde Welt der Politik aufzuheben. Keine niederen Zwänge mehr, keine Fesseln, kein Terror des Faktischen solle den Flug des Geistes behindern; Politik müsse überwunden und entbehrlich werden, damit ein Reich makelloser Humanität entstehen könne, eine Gründung, in der Vernunft, Gesittung und Phantasie eine Heimstatt fänden. Schiller bekannte, daß es ihm unmöglich sei, an eine Regeneration im Politischen zu glauben; Goethe forderte, »das alles aufhört politisch zu seyn und bloß menschlich wird«, und Herder empfahl »ästhetische Selbstgenügsamkeit« als ein Mittel, um sich erfolgreich vom Politischen abzukehren. Bündelt man all ihre Bekenntnisse, Hoffnungen und Entwürfe, so lassen sich die Grundzüge eines Programms erkennen, verheißungsvoll genug, um eine geistige Revolution in Deutschland einzuleiten – eine Revolution durch Literatur.

Größer war das Zutrauen in die Wirkung von Literatur wohl nur selten. Man hielt sie für fähig, Anstifterin und Förderin zu sein, sie ließ hoffen, einen unerträglichen Feudalismus loszuwerden. Poesie versprach nicht nur eine Befreiung aus elender Lebenslage, sondern auch eine Lösung gesellschaftlicher Probleme. Es waren grandiose, waren ehrenwerte Träume, die in Weimar geträumt wurden, allein, zur Veränderung politischer Wirklichkeit trugen sie nicht bei. Die Monarchie der Freiheit, die man zu errichten hoffte, erwies sich als edles Reservat, als Gründung im Luftreich der Wünsche.

Heinrich Heine hat es schon erkannt, hat das noble Mißverständnis auf seine Art bezeichnet. Während Goethe erklärte, daß ein Dichter, der politisch wirken will, sich die Kappe der Borniertheit über die Ohren ziehen muß, trat er dafür ein, der Literatur ihre politische Wirkungsmöglichkeit zuzuerkennen. Poesie muß sich der Wirklichkeit annehmen, sie muß, so erklärte er, »den Schritt ins öffentliche Leben« tun und nicht in weltentzogenen Reservaten blühen, wo die »große Suppenfrage« unbekannt ist. Gleichwohl bestand zwischen ihnen Einigkeit darüber, daß Poesie niemals zur Magd der Politik verkommen dürfe: sobald der Schriftsteller bereit ist, das Lied der Herrschenden zu singen, büßt er seine Freiheit ein. Und wie hierzulande mehr als ein Herrscher die Existenz

des Schriftstellers empfand, das ließ sich Bismarck einfallen; er sprach von Literaten als von »Menschen, unfähig zum Elementarschullehrer und zu arbeitsscheu zum Postsekretär.«
Literatur und Politik in Deutschland: die Geschichte ihres Verhältnisses zeugt von Distanz und Mißachtung, von Argwohn und Vorbehalt. Sie belegt aber auch, daß Schriftsteller sich als Lobredner der Macht bereitwillig in Anspruch nehmen ließen und, betäubt von nationalen Räuschen, ihre Aufgabe in der Bestätigung der Herrschenden erblickten oder sogar in der Feier des Krieges als »tiefe Prüfung«. Schließlich läßt uns die wechselvolle Geschichte der Beziehungen von Literatur und Politik jedoch auch erkennen, daß es in Deutschland eine Zeit gab, in der der abgestandene Gegensatz von Macht und Kunst verworfen wurde und in der viele Schriftsteller einsahen, daß Literatur, wie Heine sagte, den Schritt ins öffentliche, also politische Leben tun müsse. Diese Zeit begann nach 1945. Keine Sehnsucht nach Weimarer Utopien erfüllte die Schriftsteller, kein Bedürfnis, sich anzudienen; die Demokratie, nach einem Wort von Heinrich Mann das »Geschenk der Niederlage«, bezeichnete die Aufgabe, forderte zur Teilnahme auf.
Bei aller Unterschiedlichkeit in ästhetischen Fragen: die übereinstimmende Bereitschaft, auf Politik einzugehen, erklärt sich vor allem durch den

Erfahrungshaushalt des Nachkriegsschriftstellers. Heinrich Bölls früher Titel »Wo warst du, Adam?« und die lakonische Antwort: Ich war im Krieg, deuten schon an, aus welcher Befindlichkeit der Schriftsteller damals handelte. Ein melancholischer oder rabiater Wunsch nach Rechenschaft bestimmte seine Arbeit, ein Verlangen nach Aufklärung und Selbstbestimmung, und nicht zuletzt die Wahrheitsermittlung: ideologische Verblendung, Tod und entsetztes Verstummen. Vor der Frage: Wo warst du, Adam? machte der Schriftsteller eine folgenreiche Entdeckung; die Sprache widersetzte sich; sie gewährte nicht die Angemessenheit, um erfahrenes Grauen, um erlebtes Unglück darzustellen. Erklärte Dürftigkeit, Schmucklosigkeit, mit einem programmatischen Wort von damals: Kahlschlag schien das angemessene Sprachmittel, um der Erfahrungslast beizukommen.

Doch es gab noch einen anderen Grund, aus dem der Schriftsteller sich bereitfand, politisch zu wirken; es war, nach den Lektionen der Geschichte, der Möglichkeits-Entwurf einer neuen humanen Gesellschaft, der Traum von einem Gemeinwesen, in dem der Mensch nicht Heilsbringern und Sinnstiftern folgt, sondern der versöhnlichen Stimme der Vernunft. Diese Entwürfe zeigten sich nicht in Gestalt formulierter Modelle, vielmehr traten sie zutage als ein immanentes Plädoyer für Gerechtig-

keit, für Menschlichkeit, für die Anerkennung eigener Schuld.
In ihrer Besorgnis zögerten deutsche Schriftsteller nicht, Stellung zu nehmen zu den Fragen der Tagespolitik, meist mit Beiträgen appellativen Charakters. Jedenfalls – und das war in unserem Land etwas Unerhörtes – sie mischten sich ein. Sie meldeten sich zu Wort mit Manifesten, Warnungen, offenen Briefen. Sie äußerten sich zu den Notstandsgesetzen und zur Wiederbewaffnung. Sie setzten sich für die Lehrfreiheit ein, sie erhoben ihre Stimme, als das DDR-Regime seine Bürger hinter Mauer und Stacheldraht brachte; sie erhoben Einspruch gegen die Personalpolitik eines Bundeskanzlers und gegen ein Presse-Monopol, und sie schlossen sich einer Erklärung französischer Schriftsteller an, die das »Recht auf Gehorsamsverweigerung im algerischen Krieg« forderten.
In der Einsicht bestärkt, daß es nicht genug ist, nur in der Rolle des Warners oder Zwischenrufers aufzutreten, fanden sich deutsche Schriftsteller auch zu einer Initiative bereit, die es so noch nirgendwo gegeben hatte: sie gründeten ein Wahlkontor. Sie kamen überein, die politische Partei mit all ihren Möglichkeiten zu unterstützen, von der sie sich am ehesten die Einlösung ihrer Hoffnungen versprachen, also die SPD. Romanciers und Lyriker, Dramatiker und wissenschaftliche Publizisten zögerten nicht, sozusagen die »Mühen der Ebene«

auf sich zu nehmen, und das heißt, in Sälen und Wirtshausstuben und auf öffentlichen Plätzen langwierige Überzeugungsarbeit zu leisten. Sie taten es oft genug gegen die Bedenken eines feinsinnig-arroganten Feuilletonismus, der ihnen vorhielt, daß politisches Engagement den Stil verderbe und die Phantasie verkümmern lasse. Die um die Reinheit der Kunst Besorgten wiesen auf die Unvereinbarkeit von literarischer und politischer Tätigkeit hin. Die Schriftsteller hingegen bestanden auf ihrem Anspruch, als von der Politik betroffene Bürger handeln zu dürfen.

Und ihre Parteinahme beschränkte sich nicht allein auf mannigfaltige Beiträge zur Tagespolitik und zur Teilnahme an Wahlkämpfen; da das Politische das ganze Leben einschließt – nach einem Wort von Gottfried Keller von der Schuhsohle bis zum Ziegel auf dem Dach –, nahm man sich seiner als selbstverständlich an im Gedicht, in der Erzählung, im Drama und im Roman. So wie es zur Verfahrenspraxis der Demokratie gehört, alles offen zur Diskussion zu stellen, so gaben sie in ihrer Literatur zu verstehen, was sie mit Hoffnung erfüllte oder was ihnen Anlaß zur Skepsis oder gar zur Enttäuschung gab. Sie taten es nicht, indem sie gegen Windmühlen kämpften, sondern indem sie sich unter anderem der Gestalt des Politikers widmeten, seinem Erscheinungsbild.

Der Grund ist klar: ein politisches Programm

bleibt solange ein Gratisangebot, wie es nicht durch Politiker vertreten und erfüllt wird, die keinerlei Zweifel an ihrer Vertrauenswürdigkeit aufkommen lassen. Gewiß läßt sich vom Erscheinungsbild einzelner Politiker nicht auf den allgemeinen Zustand der Politik schließen; dennoch wirft das Bild Fragen an die politische Wirklichkeit auf. Und Infragestellen: darin fand Literatur seit je eine Rechtfertigung. Ob Andersch oder Koeppen, Böll oder Heym, Grass oder Hildesheimer oder Johnson: ihre Profile und Porträts verweisen – bei aller poetischen Wahrheit, die ihnen mitunter eigen ist – auf konkreten Befund und lassen die jeweiligen Hoffnungen des Schriftstellers ebenso erkennen wie seine Befürchtungen und unerfüllten Erwartungen.

Als Koeppens Roman »Das Treibhaus« erschien – 1953 –, empfanden einige ihn als Diagnose, andere als Provokation. Obwohl der Autor versicherte, daß er keinen Bezug herstellen wollte zu Personen und Ereignissen der Gegenwart, ergab sich dieser wie von selbst: der Politiker Keetenheuve, ein Geschöpf von Koeppens Imagination, kam sogleich vielen bekannt vor. Keetenheuve war elf Jahre in der Emigration, nach seiner Rückkehr wollte er nicht abseits stehen, er wurde Politiker, und es trug ihn hinauf auf höhere Entscheidungsebenen. Keetenheuve ist ein gutmütiger Dilettant, er liebt Gedichte und haßt Generalsstreifen; er sitzt im Petitions-Ausschuß, wo er von einem ehrenwerten Gegner zu hören bekommt, daß er ein Menschenrechtsromantiker sei, der Verfolgte sucht, Geknechtete, Leute, denen Unrecht geschehen war, nur, um sie »von ihren Ketten zu befreien«. Keetenheuve, der Mann mit weißen Händen, liebt sein Land, und weil er es immer tat, fand er sich einst dazu bereit, vor englische Mikrofone zu treten, um mit Worten für den Frieden zu werben. Es überrascht nicht, daß ihn eines Tages das Gerücht erreicht, man habe ihn seinerzeit in der Uniform eines englischen Majors gesehen – und schon zeigen sie sich: die gegeneinanderlaufenden deutschen Schicksalslinien. Keetenheuve, der gutmütige, kontaktarme Menschenfreund, der Pazifist, der Parlamentarier, der Schwierigkeiten hat, die Sprache der Ausschüsse zu verstehen: ist er ein Verräter? Ein Mahner? Ein Störer der Gewissensruhe? Trauer und Einsamkeit warten auf ihn – nicht zuletzt, weil er erfahren muß, daß politische Freunde seltsame Freunde sind: die Gegner lassen sich kalkulieren, die Freunde kaum. Es stellt für ihn keinen Trost dar, daß er den Kanzler, den er für einen kalten, begabten Redner hält und dessen Lebensleistung er bewundert, in ähnlicher Lage sieht; er wundert sich nur, daß der große alte Mann, der sich nach Jahren »ärgerlicher Pensionierung« noch einmal zur Verfügung gestellt hat, nicht erkennt, daß sein »Vorhaben am Ende nicht an seinen Widersachern, doch an seinen Freunden scheitern würde«. Keetenheuve, der Alleinkämpfer, hat das Gefühl, in einer Gründerzeit zu leben. Die Parteibürokratie hat sich organisiert, das Gewissen ist beschwichtigt, neue Ziele sind ausgemacht; man beschwört den Emigranten, »in der Debatte nicht zu heftig zu werden, die nationalen Instinkte nicht zu brüskieren«. Nicht nur er hat es mit seinen Freunden schwer, sondern auch sie mit ihm. Seine fulminante Rede zur Wiederbewaffnung bleibt echolos. Man will ihn abschieben, auf einen idyllischen Botschafterposten in Guatemala, doch er geht auf das Angebot nicht ein: überzeugt davon, daß sein Handeln zwecklos ist, sucht er sich ein anderes Ende aus.

Daß der Politiker Keetenheuve die Sympathien seines Autors besitzt, ist offenkundig; desgleichen scheint Koeppen die Resignation seines Protagonisten zu teilen. Für beide – das ist das Fazit – war der Traum von einem neuen Anfang ein vergeblicher Traum. Keetenheuve wollte nicht klug handeln, er wollte nur seinem Gewissen folgen – doch »die Verhältnisse hatten ihn besiegt«.

»Was ist ein Mensch ohne Trauer«, fragte Böll einmal, und er meinte die Trauer, die die Verhältnisse einem nur übriglassen. Auch er, auch Heinrich Böll empfindet den heimgekehrten Emigranten gegenüber selbstverständlichen Respekt, und wie Koeppen sieht er sie auf der Seite der Enttäuschten und Verlierer. In den »Ansichten eines Clowns« regt sich sein Held Schnier über die Gutgläubigkeit und Harmlosigkeit der Emigranten auf. »Sie waren so gerührt von all der Reue und den laut hinausposaunten Bekenntnissen zur Demokratie, daß es dauernd zu Verbrüderungen und Umarmungen kam.«

Immer war es eine Aufgabe der Literatur, sich des leidenden und ratlosen Menschen anzunehmen, darzustellen, was ihn machtlos, verzweifelt und unversöhnt sein läßt in der Welt; Heinrich Böll folgt nur diesem alten Auftrag. Konsequenter als kaum ein anderer Nachkriegs-Schriftsteller nennt er die Gründe, die uns unversöhnt lassen. Er sucht sie in Ministerien, in bischöflichen Ordinariaten, in Kasernen und Amtsstuben und hochmögenden Klüngeln – überall da, wo über Menschen verfügt wird. Die Gegenwehr der Machtlosen besteht in einer herausfordernden Leidenswilligkeit: sie wollen nicht »vorwärtskommen«, sie wollen nicht in Paradiese gerettet werden; vielmehr bestehen sie darauf, ihren leidvollen Erfahrungen die Treue zu halten. Und mit dieser Haltung stellen sie eine Wirklichkeit bloß, die das Leiden durch Vergeßlichkeit korrumpiert hat.

Wie aber erscheinen die anderen, die Auserwählten, die sogenannten hohen Tiere, die solch eine Gegenwehr provozieren? In »Frauen vor Flußlandschaft«, 1985, porträtiert Heinrich Böll den

Minister Plukanski, den manche Apfelwange nannten und von dem eine Maskenbildnerin bemerkte, daß er nicht geschminkt zu werden brauchte, da er immer geschminkt sei. Das fiktive Porträt ist für eine Wahlkampfbroschüre gedacht; der Autor bittet zur Teilnahme an der Herstellung eines Politikers.

Minister Plukanski: der familiäre Hintergrund ist sorgfältig geschönt. Obwohl belegt werden kann, daß der Dorfpfarrer dem Jungen Lateinunterricht gab, ihn aufs Gymnasium und später ins Konvikt geschickt hat, wird auf Photomaterial verzichtet, einfach, weil man eingesehen hat, daß konfessionelle Elemente als politisches Werbemittel heikel sind. Ein Photo, das Plukanski als Fahnenjunker zeigt, erscheint hingegen in der Wahlkampfbroschüre, zusammen übrigens mit sogenannten Lausbubengeschichten, die bekanntlich jede Biographie hübsch umranken. Und da es in seinem Wahlkreis eine nennenswerte Fahrrad-Industrie gibt, erscheint auch ein Photo mit der Unterschrift: »Radwandern, das war schon früh seine Leidenschaft«. Daß er als Soldat tapfer, doch schon früh entsetzt war über die Kriegsziele, versteht sich von selbst. Aus wohlerwogenem Grund findet der Minister auch Erwähnung als »Herzensbrecher«; denn es gibt »geheimnisvolle Gesetze, nach denen Weibergeschichten dem einen Politiker nützen, dem anderen schaden... christlichen

Politikern nützen sie fast immer, linken nie.« Verheiratet ist Plukanski mit einer Gräfin Auel, Landadel: Forellenzucht, Hundezucht, Obstplantagen. Was die beiden verbindet, ist angeblich das christliche Erbe. (Von ihm heißt es einmal, daß er sich vorübergehend seiner geliebten Kirche entfremdete, sich ihr später aber mit »erhöhter Heftigkeit« wieder zuwandte.) Trotz des hehren Erbes weiß er seit zwölf Jahren nicht mehr, wie das Schlafzimmer seiner Frau aussieht.
Plukanski, die ministerielle Apfelwange, ist selbstverständlich tadellos programmiert, auf Knopfdruck äußert er sich ebenso geläufig über Kernkraft wie über Steuerreform. Seine Stimme gleicht der von Mario del Monaco. Er ist ein Mann von erstaunlicher Hohlheit, doch er besitzt die Fähigkeit, alles zu seinem selbstverständlichen Besitz zu machen, was sein Redenschreiber ihm anliefert, und das, heißt es im Text, »war die Fähigkeit, die ihn für die Partei unersetzlich machte: Stimme, Gestik, Aussehen – und die endgültige Besitzergreifung fremder Gedanken und Formulierungen und Erkenntnisse«. Daß auch über ihn ein Gerücht aufkommt, das seinem Blutdruck nicht gerade förderlich ist, erstaunt kaum noch. In Bonn – so gibt Böll zu verstehen – haben nicht wenige Biographien romanhaften Charakter. Im »Clown« heißt es einmal: »Bonns Schicksal ist es, daß man ihm sein Schicksal nicht glaubt.«

Wann immer Heinrich Böll in seinem umfangreichen Werk Politiker porträtiert oder charakterisiert: auf ein einnehmendes oder gar schmeichelhaftes Bild wird man vergebens warten; zu nachhaltig ist die Erbitterung des Autors über erlebten Opportunismus, über zynische Argumente, mit denen die Restauration gerechtfertigt wird.
Er weiß natürlich, daß er mitunter übertreibt und zu weit geht, doch das gehört zu seinem Prinzip der Darstellung; um heute wahrgenommen zu werden und Widerstand hervorzurufen, muß man zu weit gehen; und man muß übertreiben, um etwas überhaupt darstellen zu können.
Wolfgang Koeppen begründet diese Erbitterung in seinem Roman »Tod in Rom«, 1954. Da trifft sich der Oberbürgermeister Pfaffrath mit seinem Schwager Judejahn, einem ehemaligen SS-General, der in arabischen Diensten steht und seine Heimkehr nach Deutschland betreiben will. Der Oberbürgermeister, der einst Oberpräsident und Verwalter großer Parteivermögen war, empfindet sich als makellos, er fühlt deutsch, er denkt deutsch, er wurde makellos demokratisch gewählt; insgeheim jedoch wünscht er, daß wieder Fahnen rauschen. Die Söhne kennen die Vergangenheit der Väter, und darum können sie sich nicht mit der Rolle abfinden, die die Väter in der Gegenwart spielen. Die Söhne können das Leben ihrer Väter nicht billigen, »weil sie« – wie es heißt – »andere

durch ihre Auffassungen und mit ihren Auffassungen gequält haben... weil sie einen Krieg anfingen, weil sie Leid brachten, weil sie unendlich zerstörten, weil sie aus unserer Heimat ein Land der Intoleranz, der Dummheit, des Größenwahns, des Zuchthauses, des Richtblocks und des Galgens machten.« Sie, die Söhne, sind auf der Suche nach einer besseren Heimat, ohne Fahnen, ohne Befehlsgebrüll und ohne herausgekehrte Staatsgewalt, nach einem Land ohne Zwang und ohne »Hochmut gegen den Fremden und den Nächsten«. Doch bei ihrer Suche beherrscht sie die Angst: es scheint ihnen nicht möglich, an die Veränderbarkeit des Menschen zu glauben.

Überall – und so erklären sich vielleicht auch die Enttäuschungen und die Skepsis mancher Autoren – herrschen offenbar vollendete Tatsachen: die große Weißwäsche ist vorbei; neue Stellungen sind erobert, wichtige Hebel besetzt, und wo es not tat, da sind Bündnisse geschlossen und zweckvolle Pakte besiegelt – selbst ein Bündnis zwischen Kirche und Regierung läßt sich in gewissen Augenblicken ausmachen.

Wolfgang Hildesheimer hat in seinem Roman »Tynset«, 1965, diesem bewegenden Monolog eines schlaflosen Bekenners, das Porträt eines Politikers aus einem einzigen Augenblick entstehen lassen. Es ist der Moment, in dem ein deutscher Verteidigungsminister den Ring eines Kardinals

küßt. Die beiden Hochgestellten begegnen sich auf einem Flugplatz, im Beisein von Zeugen; die Zufälligkeit der Begegnung ist vermutlich auf unbeweisbare Art arrangiert. Aus der Distanz betrachtet, hat es den Anschein, als wollten beide das gleiche Flugzeug besteigen, das sie »irgendeinem gemeinsamen irdischen Ziel entgegenbringt«. Um dem Identifizierungsbedürfnis des Lesers ein Angebot zu machen, beschreibt Hildesheimer die Einleitungsphase des Kusses so: »Der Minister hält in der linken Hand seinen schwarzen Hut und die schon im Schreiten abgenommene Sonnenbrille. Mit der rechten hebt er, mit angewinkeltem Arm, die rechte Hand des Kardinals auf eine Höhe, die es ihm erlaubt, bei leichtem Einziehen des Kopfes, leichter Verkürzung des ohnehin kurzen Halses, ohne allzu stark geneigte Haltung, die ihm Ehrerbietigkeit zwar gebietet, der Umfang seiner Körpermitte jedoch nicht gestattet, den Ring in die Nähe seines Mundes zu bringen.«
So beginnt die Momentaufnahme eines Kusses, die, empfindlich interpretiert, kaum einen Zweifel daran läßt, was hier in Wahrheit geschieht. Die Augen des Verteidigungsministers sind nicht geschlossen, sondern haben sich nur zu einem Schlitz verengt, und sie sind auf den Ring gerichtet, als schätzten sie seinen symbolischen Wert. Von den Lippen heißt es, daß sie »nicht etwa zum Kuß gespitzt« sind, sondern lächeln und so den

»verschmitzten Ausdruck des Gesichts« bestimmen, der wiederum die »Gesamtfigur in ihrem Umriß der Demut Lügen straft.« Was der festgehaltene Augenblick enthüllt, ist das Vergnügen des Politikers an der Gelegenheit, »in einem Zentrum des Verkehrs, vielen Augen sichtbar, einer frommen Pflicht nachzukommen« und eines, wenn auch nur beiläufig erteilten, Segens teilhaftig zu werden. (Auch Max Frisch hat den lächelnden, den schmunzelnden Politiker beschrieben, er nannte es den »Image-Krampf vor der Kamera«.) Nicht weniger aufschlußreich ist übrigens auch das Lächeln des Kardinals – ein Lächeln mit automatisch mechanischem Verschluß –, es legt unter anderem die Vermutung nahe, daß der Kardinal ermüdet sei vom Geschäft des Verzeihens, dabei aber sein eigenes Ziel durchaus mit Härte verfolgt. Dennoch, plötzlich schimmern die Konturen einer Allianz auf: die Verwalter christlich-abendländischer Ideale finden zu einem Interessenvergleich mit dem Wortführer einer starken Armee, und siehe! – da könnte sich einiges synchronisieren lassen. Der Verteidigungsminister küßt den Ring des Kardinals; auch wenn Gott selbst nichts dagegen haben sollte – diese Szene kann man schwerlich mit Wohlgefallen quittieren. Günter Grass ist ebenfalls überzeugt davon, daß dieser Verteidigungsminister jedes Bündnis eingeht und nicht nur deshalb verhütet werden muß. Daß er und

Hildesheimer denselben Minister im Auge haben, steht außer Zweifel.
Indes, die deutsche Nachkriegsliteratur gefiel sich keineswegs nur darin, den Politiker mit pflichtgemäßem Argwohn zu begleiten und ein Bild von ihm zu entwerfen, das zu Vorbehalt und Skepsis nötigte. Überzeugt von der Vertrauenswürdigkeit einer Person, zögerte der Schriftsteller nicht, für den Politiker einzutreten, ja, für ihn zu werben – allerdings nicht mit der Stimme der Nachtigall, sondern sachlich und bemüht, die Gründe des Vertrauens zu nennen. Günter Grass hat dafür ein Beispiel gegeben im »Tagebuch einer Schnecke«, 1972. Er, der den bigotten Gegner durchschaut, dessen schlaue Durchtriebenheit demaskiert und die »jeden Schwindel einsegnenden Gesten« ebenso exakt bewertet wie »die leere, sich selbst nachlauschende Würde« – Günter Grass begnügt sich mit gewichtigen Anspielungen, wenn er den Politiker seiner Wahl porträtiert, und das heißt: auch manches Argument seiner Zustimmung will entschlüsselt werden.
Die Begegnung findet auf dem Hamburger Hauptbahnhof statt, im Salon eines Sonderzugs; doch da herrschen weder Distanz noch zur Schau getragene Würde, im Gegenteil: der Politiker ist kaputt, er hat Schmerzen, und er bittet den Besucher, sich nicht durch die Arbeit eines Masseurs, der auch Sicherheitsbeamter ist, stören zu

lassen. Der Sicherheitsbeamte »walkt Schultern und Halsansatz« des Politikers, der gerade sieben Wahlreden hinter sich hat. Der erste Blick läßt den Einsatz und die Mühsal politischer Überzeugungsarbeit ahnen, einer Arbeit, die der Autor aus eigener Erfahrung zur Genüge kennt. Der Politiker ist heiser, rauchend erzählt er Witze, als wolle er Schutz suchen hinter dem Gelächter. Diese Schutzbedürftigkeit entgeht dem Schriftsteller nicht, denn er weiß nur zu gut, was der Mann, der seine Hoffnungen trägt, aushalten muß; er kennt die Verleumdungen, die Niedertracht des politischen Gegners, ihm sind die Versuche bekannt, die Biographie des Politikers zu entstellen, und schließlich erinnert er sich auch an vergangene Niederlagen. »Verschnürte Pakete«: mit diesen Worten umfaßt Günter Grass die Vergangenheitslast, die er im Hintergrund sieht. Im Vordergrund, sagt der Autor, bleibt der Politiker jemand, »der von weit herkommt, zwar dasitzt, aber noch nicht da ist, zwar erkennbar im Umriß, aber vage in Einzelheiten«. Dieser verzögerten Gegenwärtigkeit entspricht die verzögerte Rede; der Politiker scheut sich, ich zu sagen, er ist – vielleicht, um zu schonen – ein Liebhaber der Umschreibung, wobei er Ungenauigkeit in Kauf nimmt. »Personen (auch große) sieht er entschärft, hinter Milchglas gestellt.« Obwohl die Unterschiede zwischen dem Schriftsteller und dem Politiker auf der Hand liegen, gibt es etwas, das sie verbindet; in der Terminologie des Autors sind es die »nationalen Wackersteine« – was soviel heißt, daß dieser Politiker unser aller Vergangenheit bewegt, derart, daß sie nicht zu glimpflich vergeht. Und um die Gründe des Vertrauens aufzuzählen – Grass hat sie in einer gemeinsamen Sache gefunden: »Hat bläulich mit Zukunft zu tun, wird mit oxydierter Vergangenheit aufgewogen, macht graustichige Gegenwart aus.« Diese angewandte politische Farbenlehre allein genügt, um zu wissen, welcher zeitgenössischer Politiker gemeint ist.

Jedenfalls, die Sympathieerklärung, so verknappt und verkappt sie auch sein mag, ist unüberhörbar, und sie läßt sich auch mühelos aus einem anderen Politiker-Porträt herauslesen, das Günter Grass in seinem Roman »Der Butt«, 1977, entworfen hat. (Selbstverständlich wird die goldene Taschenuhr erwähnt, die später einmal Willy Brandt tragen wird.) Der Parteivorsitzende ist zu Gast bei Lena Stubbe, der Verfasserin eines »Proletarischen Kochbuchs«; es gibt Suppe aus Rindsknochen und Schweinenierchen in Mostrichtunke, dazu Salzkartoffeln. Seltsam, wie sich die Erscheinungsbilder der Politiker gleichen: fast möchte man von einem sozialdemokratischen Phänotyp sprechen, der sich dem ersten Blick darstellt. Bebel erscheint müde, bedrückt, erschöpft von gleichbleibender Überzeugungsarbeit. Wohl aufgehoben in der Guten Stube und gestärkt durch Hausmannskost, hat er zunächst nichts anderes anzubieten als Klagen. Er klagt über den Verlust vieler Freunde, die ihm in kämpferischen Jahren abhanden gekommen sind. Er klagt darüber, wie behäbig einerseits und zänkisch zum anderen sich das Parteivolk bei wachsendem Erfolg betrage. Und er klagt darüber, daß das Ziel an Deutlichkeit verliere. Ein Prinzip Zweifel, das der Politiker im Sonderzug vermuten ließ: im Bebel-Porträt wird es offenkundig. Der Volksredner hadert mit sich selbst und gesteht ein, daß er sich so manches Mal schwerwiegend geirrt habe: das herrschende System sei nicht zusammengebrochen, die Staatspleite, wie von ihm vorausgesagt, nicht eingetreten – anscheinend hatte er zu oft falsche Hoffnungen erweckt. Was unausgesprochen bleibt und dennoch deutlich genug ist: die Bereitschaft zu solch einem Eingeständnis schafft Nähe und Vertrauen; der Schriftsteller läßt durchblicken, was zu einem Mann gehören muß, der seine politische Heimat repräsentiert. (Übrigens wird Bebel kein Vorwort zu Lena Stubbes »Proletarischem Kochbuch« schreiben – aus Besorgnis, sich eine politische Blöße zu geben.) Was dieser Schriftsteller nicht müde wird bewußt zu machen, ist die einfache Tatsache, daß auch der Schriftsteller Staatsbürger ist und deshalb ein Recht hat, zu öffentlicher Thematik Stellung zu nehmen.

Wie selbstverständlich sich die Nachkriegs-Literatur der Politik annahm und damit die Bedeutung des Politischen hervorhob – auch die Schriftsteller aus der ehemaligen DDR gaben dafür manchen aufschlußreichen Beleg. Das war auch insofern unausbleiblich, als das »Politische« zum Primat des Lebens avancierte und ein verordnetes politisches Bewußtsein sich in allen Bereichen manifestierte – oder dieses doch zu tun hatte. Übermächtig bis zur Monstrosität, ideologiegesättigt und in Stereotypen eingebunden, forderte politische Realität den Schriftsteller zur Kritik heraus, ließ hinter seiner Kritik einen Gegenentwurf ahnen oder zumindest einen Akt der Augenöffnung entstehen. In der Parabel verborgen, kostümiert in historischer Erzählung wird zum Tag gesprochen, doch es gibt auch Zeugnisse von bewundernswerter Schärfe und Eindeutigkeit, die jede Auslegung überflüssig machen, jede angewandte Lektüre.

Das Porträt des mächtigen kommunistischen Politikers Wilhelm Urack, das Stefan Heym in seinem Roman »Collin«, 1979, entwirft, läßt nichts offen. Das Erscheinungsbild dieses Politikers ist auf eine so abgründige Weise typisch, daß man als Leser diesen Mann von irgendwoher zu kennen glaubt. Urack liegt – wie der Schriftsteller Collin – in einem Krankenhaus für Privilegierte; sie kennen sich seit langem, sie haben einst in den internationalen Brigaden in Spanien gekämpft, sie wissen viel übereinander, beargwöhnen und mißtrauen sich, und jeder hofft, den anderen zu überleben. Daß er gehaßt und gefürchtet wird, macht Urack, dem Revolutionär, nichts aus; er, der allen Zweifeln abgeschworen hat, setzt auf Gewalt; mit Gewalt will er die Menschen zu ihrem Glück zwingen. Was für ihn spricht: er gehört zu der alten Garde, die zu ihrer Zeit manches Opfer gebracht hat, damals, als der Faschismus ganz Europa bedrohte. Nun ist er Herr über einen mächtigen Apparat, er ist Teil der Staatsmacht, er hat viele in seiner Hand, selbst den behandelnden Arzt. Doch dieser barsche, harte, dem Whisky zugeneigte Mann, der kranke Revolutionär im Schlafrock, der auch jetzt noch glaubt, für andere denken und handeln zu müssen, er fürchtet sich. Ihm ist nicht verborgen geblieben, daß der Schriftsteller Collin an seinen Memoiren arbeitet – Grund genug, um eine persönliche Bedrohung zu wittern. Einmal heißt es: »Einer allein ist sicher, der zweite verrät dich schon.« Urack hatte oft genug verantwortlich gehandelt, ihm ist bewußt, daß Handlungen Wirkungen hinterlassen, die, nach den Gesetzen der Dialektik, fatal ausgelegt werden können; die Erinnerung an das, was in Moskau und Budapest und Sofia geschehen ist, enthält Lektionen genug. Die Vergangenheit verknüpft Leben und Sterben der beiden Infarkt-Patienten. Der zurückliegende Geheimprozeß gegen einen Genossen, auf den der Schriftsteller noch einmal eingeht, veranlaßt den Politiker Urack zu einem persönlichen Glaubensbekenntnis. Schicksal ist für ihn ein bürgerlicher Begriff; was zählt, sind Kaderakte, Parteibeschluß. Er erklärt dem Schriftsteller: »Wenn es um die Macht geht und den Kopf, lassen wir nicht mit uns spaßen.« Und er sagt auch: »Wir sind unersetzlich, Hirn der Klasse, Schild der Klasse, Scharfrichter der Klasse. Alle anderen sind auswechselbar, erhalten ihre Rollen zugeteilt und spielen sie, und zwar nach den Regeln.«

Stefan Heym läßt keinen Zweifel daran, daß Machterhalt für diesen Politiker das Wichtigste ist. Um Macht zu sichern, vereinfacht er sich die Welt, verfällt er dem probaten Frontdenken: wer nicht auf unserer Seite steht, wer sich nicht fügt und ja sagt, gehört zur Opposition. In der ererbten Ausdrucksskala des Politikers gehören zur Opposition Zweiflerische, Konterrevolutionäre, Kleinbürgerliche, arbeitsscheue und anarchische Elemente. Ihnen gegenüber ist jedes »Versöhnlertum« unangebracht; Zugeständnisse sind nur unerwünschte Ermutigungen. Dieser Haltung entspricht die auftrumpfende Irrtumslosigkeit des Politikers: was immer er beschließt, verordnet, befiehlt – es kann nicht falsch sein, denn »wie könne falsch sein, was für die Diktatur des Proletariats getan werde?«

Er, Wilhelm Urack, ist keine einmalige Erscheinung; die Politik, die er vertritt, scheint vielmehr einen typenbildenden Zwang auszuüben, so daß man, mit leichten Schattierungen und Variationen, immer wieder seinesgleichen begegnet. Durchsäuert von derselben Ideologie, zurechtgebogen von ähnlichem Lebensschicksal, der Partei hörig, die alles rechtfertigt, nehmen diese Figuren repräsentativen Charakter an. Sie repräsentieren den Kommunismus – »das Einfache«, wie Brecht gesagt hat, »das schwer zu machen ist.«

Solch ein Repräsentant ist ohne Zweifel auch Herbert Beerenbaum, eine der beiden Hauptfiguren in Monika Marons Roman »Stille Zeile sechs«, 1991. Der einst Mächtige lebt selbstverständlich in einer Siedlung für Privilegierte. Seine Schreibhand ist gelähmt. Da er es für unerläßlich hält, seine Memoiren zu verfertigen, engagiert er eine Historikerin, der er sein beispielhaftes Leben diktieren möchte. Anfangs verläuft die Arbeit nahezu harmonisch, doch allmählich begreift die Historikerin, daß der Mann, der ihr seine Biographie auftischt, zu den Tätern gehört, die, um ihre Dogmen und Ideale zu realisieren, das Leben vieler deformiert und unerbittlich verbraucht haben – auch ihr eigenes Leben. In ihrer Abneigung erscheint ihr der Mächtige als Froschlurchgesicht, in dem sie einen ebenso vertrauten wie verdächtigen Ausdruck findet: neben Selbstbewußtsein und Willensstärke Anmaßung und Borniertheit. Außerdem, so heißt es, »eine Müdigkeit zwischen Augen und Kinn, die weniger vom Alter gezeichnet schien als von Ekel und Abwehr«. Beerenbaum verkörpert so sehr einen bekannten Typ, daß die Historikerin sich in der Lage glaubt, seine Biographie zu erraten. Selbstverständlich stammt er aus einer Proletarierfamilie, selbstverständlich trat er früh in die Partei ein, lernte die Bitterkeit des Exils kennen – freilich nicht in Mexiko oder Frankreich, sondern in Moskau. Das Hotel Lux, die »Todesfalle«, ist ihm bekannt. Man sagt ihm nach, ein »unnachgiebiger Stalinist« gewesen zu sein.

Ähnlich wie Wilhelm Urack, der sich Hirn und Schild der Klasse nannte, streicht Beerenbaum seinen Klasseninstinkt heraus, der ihm unfehlbar sagt, was schädlich und was nützlich ist für den Menschen. Mit Ekel quittiert die Historikerin das Bekenntnis des Mächtigen, daß er, »schon als kleiner Knirps gewußt habe, daß das Herz links saß und der Feind rechts stand.« In der Tat ist es schwer, sich ihn und seinesgleichen als kleinen Knirps vorzustellen – das Rechthaberische, das Selbstgewisse und eine zur Schau gestellte Rührseligkeit lassen es nicht zu. Als die Historikerin sich eingesteht, daß sie alles an diesem Mann haßt – seine Sprüche, sein Gesicht, seine Hände – stellt sie fest, daß sie ihn gleichzeitig fürchtet. Was zwischen ihnen stattfindet, gleicht einem geheimnisvollen Kampf, aber auch einer seltsamen Gefangenschaft. Dieser Mann, der im Hotel Lux lebte, hat auch gegen Hitler gekämpft, und als er einmal seine erbitterte Zuhörerin fragt, wie sie sich damals verhalten hätte, sagt sie, daß sie wohl auch Kommunistin geworden wäre.

Beerenbaum, der »Professor ohne Abitur«, der Kognak-Trinker, ist davon überzeugt, daß er das Rad der Geschichte bewegt, daß er mitgeholfen hat, nach 1945 den Karren aus dem Dreck zu ziehen. Er äußert dies mit »anmaßender Zufriedenheit«, er verweist darauf, welch gigantische Aufklärungsarbeit er und seinesgleichen hätten leisten müssen, damals, nach ihrer Rückkehr aus der Sowjetunion, als die Menschen »den Mördern näher standen als den Opfern«. Immer gereizter durch Beerenbaums Selbstdarstellung, immer empörter vor diesem Eigenlob, sammelt die Historikerin ihre Argumente zu einer General-Anklage. Was sie dem Mächtigen entgegenzuhalten hat, betrifft keineswegs nur ihn allein. »Ihr habt Hirnmasse konfisziert, weil ihr selbst zu wenig davon hattet«, sagt sie, und fügt hinzu: »Im nächsten Jahrhundert hättet ihr sie amputiert und an Drähte gehängt, um die Gefängniskosten zu sparen. Hirneigenschaft statt Leibeigenschaft, ihr Menschheitsbefreier.« Und sie erspart ihm zum Schluß nicht den Vorwurf, Sklavenhalter zu sein »mit einem Heer von Folterknechten.« Das Bewußtsein, Opfer zu sein, das persönliche Opfer dieses Mannes, läßt sie nicht

vor dem letzten Gedanken zurückschrecken – Beerenbaums Tod zu wünschen.
Literatur kritisiert, indem sie darstellt. Mit dem Befund: So ist es, macht sie uns aber gleichzeitig das Angebot, zu fragen: Wie könnte es sein? Sie legt uns nahe, andere Möglichkeiten zu erwägen. Sie wirbt für doppelte Wahrnehmung, und das heißt: konkrete Wirklichkeit und vorgestellte Möglichkeit werden als zueinandergehörend empfunden und offenbaren so ihren Bezeichnungscharakter. Anders ausgedrückt: Literatur bringt uns Gesicht und Maske gleichzeitig ins Blickfeld.
Um zum Tag zu sprechen oder Auskunft zu geben über die jeweilige Lebenslage des Menschen, sahen Schriftsteller sich oft gezwungen, Umwege zu wählen, Tarnungen, unbelangbare Verkleidung. Beliebteste und ergiebigste Form war und ist allemal die Parabel; indem man ein Ereignis, eine Situation entrückt, schärft sie unsere Empfindlichkeit für Nähe. Sie wird zum Verständigungsmittel.
In seinem Band »Versuchte Nähe«, 1977, demonstriert Hans Joachim Schädlich die erkenntniskritische Eigenschaft der Parabel. Das Prosastück heißt: »Besuch des Kaisers von Rußland bei dem Kaiser von Deutschland«. Das Doppelporträt der Politiker, das hier zum Vorschein kommt, nötigt geradezu, es auf die Gegenwart anzuwenden. Die Begegnung der Majestäten findet in Breslau statt.

Auch wenn keine Bruderküsse ausgetauscht werden: die Begrüßung verläuft ungemein herzlich. Man ist sich darin einig – und versichert es auch einander –, daß die Freundschaft der Herrschenden eine friedliche Zukunft garantiert. Schädlich hält sich strikt an die Beschreibung dieses mit obligatem Glanz inszenierten Ereignisses, und je ausdauernder und minutiöser er es tut, desto heller scheint Ironie auf und ruft uns die Bilder in Erinnerung, die wir eben noch wahrgenommen haben bei einer Begegnung der Mächtigen aus Berlin und Moskau. Klar, daß die Majestäten sich dem Volk zeigen, daß das Volk begeistert ist, singt und winkt, Sprechchöre lassen sich hören, der Jubel ist einwandfrei. »Kaiserliche Beamte in Zivil« sorgen für Sicherheit. Ein pensionierter Eisenbahner, sozusagen Volkes Stimme, gibt auf Anfrage zu Protokoll, daß er »die größten Sympathien für den Selbstherrscher aller Reußen« empfindet. (Da es damals das »Neue Deutschland« noch nicht gab, konnte man das Bekenntnis dort nicht nachlesen.) Nicht weniger als zweimal äußert sich der russische Kaiser »fast bewundernd über die Begeisterungsfähigkeit der deutschen Untertanen«. Der deutsche Kaiser meint darauf: »Ich glaube, wir sind auf dem richtigen Weg.« Die Außenansicht der Begegnung zeigt die üblichen Muster.
Die Gespräche während des Festmahls hingegen bringen an den Tag, welche speziellen Sorgen die

Majestäten haben, was ihren Machterhalt gefährden könnte und welche Mittel sich empfehlen, um ihre Länder ruhig zu halten. Der Kaiser von Rußland ist besorgt über die Entwicklung im fernen Osten und über die Aktivitäten von Anarchisten und Nihilisten, für die ihm die Bezeichnung »Abschaum« einfällt. Der Kaiser von Deutschland, allzeit bereit, seinem Besucher in jeder Hinsicht recht zu geben, schlägt unter anderem vor, den Abschaum auf Lebenszeit in ein Irrenhaus zu sperren. Sie, die deutsche Majestät, sieht eine eigene Gefahr: diese Gefahr erwächst dem »monarchistischen Prinzip durch allerdings dringliche Beziehungen zur benachbarten Republik.« Republikanische Ideen bedrohen die Monarchie. Schon gibt es unter loyalen Untertanen etliche Sympathisanten. Der deutsche Kaiser möchte dafür sorgen lassen, »daß unsere Leute die Republik nicht allzusehr lieben.« Sein Besucher erinnert daran, daß sie gemeinsam andere dazu bringen können, »unsere Ansichten anzunehmen.« Die Majestäten attestieren einander, ein Hort des Friedens zu sein; zum Abschied küssen sie sich dreimal.

Eine beiläufige Analogie in dem vorgeblich historischen Bericht verweist auf gegenwärtige Lage; sprachliche und geographische Anspielung verleihen dem Bericht plötzlich Aktualität. Allein die Ersetzung des Wortes monarchisch durch ein naheliegendes Wort genügt, um das gesamte Ereignis, einschließlich der formelhaften Rhetorik, zu entschlüsseln. Die deutsche Majestät ist sich darüber im klaren, daß der eigene Machterhalt nicht möglich ist ohne den Beitrag des Kaisers von Rußland; entsprechend unterwürfig fällt die Dankadresse aus. Jedenfalls hat der Gipfel zu der Einsicht geführt, daß man einander braucht und daß, vor allem, nur die weiter bestehende eigene Herrschaft den Frieden sichert. Interessengleichheit wird bestätigt und gefeiert.

Auch in Uwe Johnsons Roman »Das Dritte Buch über Achim«, 1961, werden zwei Politiker gekennzeichnet, die allerdings nicht durch gemeinsame Interessen verbunden sind. Der westdeutsche Kanzler und der erste Mann der DDR, der lediglich »Sachwalter« genannt wird: sie werden an den Konsequenzen ihrer Politik gemessen. Ihr Bild entsteht im Widerstreit unterschiedlicher Ansichten.

Karsch heißt einer der Wortführer; er ist ein westdeutscher Journalist, der mit der Absicht in die DDR fährt, ein Buch über den berühmten mitteldeutschen Radsportler Achim T. zu schreiben. Es soll übrigens das dritte Buch über den gefeierten Athleten werden. Karsch erkundet also das Leben des Berühmten, spricht mit dessen Freunden und Kollegen, sieht ihm beim Training zu und beim Rennen und spricht immer wieder mit ihm selbst. Das Buch soll mit der Wahl des Radrennfahrers in die Volkskammer enden – letzter Ausdruck für die engen Beziehungen von Sport und Politik. Achims Glaubensbekenntnis, wonach einer »sich nicht mit dem eigenen Leben zufrieden geben darf, sondern sich beteiligen muß an der Gesellschaft«, quittiert Karsch noch mit einem gewissen Verständnis; erst allmählich geht ihm auf, wie sehr das offizielle staatliche Denken das private durchdrungen hat, und wie sehr ihre Urteile über das Leben hier und da voneinander abweichen. Für Achim ist der Sachwalter ein Vorbild, für Karsch ein Politiker, dem die Sieger »Staat gaben zu bauen nach den Lehren zweier Soziologen aus dem neunzehnten Jahrhundert und dem Vorbild der Sowjetunion.« Ihm, dem Westdeutschen Karsch, erscheint der Sachwalter als unbarmherziger Herrscher, der die Menschen um Wahlrecht und Mitsprache betrog. Statt sie an der Verwaltung des Staates zu beteiligen, »prügelte er sie in seine Vorschriften«. Er hetzte sie für die Verbreitung der Wahrheit. Er preßte sie in seine Armee. Er »sperrte sie ab vom westlichen Deutschland« und schändete, wie es heißt, »ihr tägliches Leben mit gezinkten Theorien, so daß die Wirklichkeit so erbärmliche Kinder bekam wie schlampige Produktion, Flüchtlingslager, gehorsame Angst.« Zu den Resultaten der Sachwalter-Politik gehört auch, daß die Justiz gefürchtet wird und daß die Menschen sich angewöhnt haben, nicht einmal dem Nächsten zu trauen. Als gerechten Lohn für seine Regierungskunst fordert der Sachwalter lediglich, gelobt und erhoben zu werden; er bietet sich sozusagen als Ikone an, die für erwünschtes Wohlverhalten Geld oder Orden verteilt.

Uwe Johnson, der wie kein anderer Schriftsteller die Spaltung Deutschlands zu seinem Thema gemacht hat, beläßt es jedoch nicht bei diesem indirekten Sachwalter-Porträt. In einer Art Gegenspiegelung überprüft er das Bild des westdeutschen Kanzlers, freilich aus der Perspektive des Radrennfahrers Achim. Es verwundert nicht, daß Achim mit jedem Argument auch dessen Herkunft preisgibt. Vom westlichen Teil Deutschlands wird gesagt, daß sein Staat gegründet sei auf der »wechselhaften Gesundheit des Kapitals«. Der Kanzler gehört zu einer christlichen Partei; seine Tätigkeit besteht unter anderem darin, mit den Machthabern von Industrie und Gewerkschaft zu feilschen, und zwar hinter dem Rücken des Parlaments. Entgegen seinem Schwur ließ er die Verfassung ändern, um die Wehrpflicht durchzusetzen; außerdem band er sein Land durch Militärverträge an die westlichen Sieger. Dieser Kanzler läßt sich von einem Mann beraten, der schon Hitlers Politik gerechtfertigt hat. Er läßt Richter Recht sprechen, die oft genug Unrecht gesprochen hatten. Er scheut sich nicht, Generale in der Armee zu beschäftigen, die »die Hand gehoben hatten vor einem Hitler«. Schließlich erlaubt er auch seinem Außenminister, Bertolt Brecht öffentlich mit einem Zuhälter und Schläger zu vergleichen.

Welch ein Bild gewinnt man aus einem Vergleich dieser deutschen Politiker? Und wer von diesen bleibt zweifelsfrei? Dem Schriftsteller, so scheint es, geht es hier weniger um die Frage, unter wessen Regierung man lieber leben möchte, als vielmehr zu demonstrieren, in welchem Maß die Perspektive unser Urteil bestimmt. Wo eine Grenze verläuft, da gibt es zwei Ansichten. Die Spaltung beeinflußt bereits die Selbstdarstellung. Und weil es keine Übereinkünfte im Bewerten von Realität gibt, wird das Buch über den Rennfahrer Achim nicht geschrieben; Karsch scheitert.

Wie immer der Politiker in der deutschen Nachkriegsliteratur erscheint: er selbst gab nicht selten Anlaß zu seiner problematischen Erscheinung. Gewiß lassen sich in manchen Porträts karikaturhafte Züge nicht übersehen, bewußte Überzeichnungen, doch sie dienen nur dazu, das Wesentliche hervorzuheben. Gewiß verbirgt sich in manchem Erscheinungsbild ein moralischer Rigorismus, doch der ist allemal gerechtfertigt als Forderung an einen Menschen, von dessen Wirksamkeit die Umstände des Lebens abhängen. Unbedingte Kompromißlosigkeit: sie ist ein Prinzip der Kunst; es ist klar, daß dieses Prinzip nicht auf die Politik übertragen werden kann, in der Kompromißbereitschaft sehr viel bedeutet. Was aber die Kunst vermag, das ist: an Maßstäbe zu erinnern, die auch in der Politik gelten sollten. An Maßstäbe erinnern heißt aber auch: Fragen zu stellen, besorgte, kritische, womöglich strategische Fragen, denen man, wie Max Frisch es sich wünschte, nicht entkommen kann.

Israels Träume

Über Amos Oz

Kein Schriftsteller der Gegenwart – da bin ich mir sicher – läßt seine erfundenen Personen so oft Nachrichten hören wie Amos Oz. Vor welche Tagesprobleme er sie auch stellt, welche Heimsuchungen er ihnen bereitet, was er sie auch erleben und erleiden läßt: plötzlich läßt er sie alle Hypotheken ihres privaten Schicksals vergessen und setzt sie ans Radio, vors Fernsehen. Als hätte sie ein Appell erreicht oder als folgten sie der schrecklichen Erinnerung, eine lebensentscheidende Medizin einnehmen zu müssen, hören seine erfundenen Personen schnell noch die letzten Nachrichten. Der Zwang ist so bemerkenswert, daß sie sogar ihren Schlaf unterbrechen, um nicht die 23-Uhr-Nachrichten zu versäumen. Hungrig auf das Neueste, bedürftig nach dem letzten Stand der Dinge, scheinen sie sich Klarheit darüber verschaffen zu müssen, ob die bevorstehende Nacht problemlos sein wird. Sie möchten vorbereitet sein, möchten nicht überrascht werden – von einer befürchteten Katastrophe ebensowenig wie von ei-

nem lange ersehnten Wunder, etwa dem Wunder ungefährdeter Existenz. »Wer weiß,« heißt es einmal, »welche Berechnungen da im Dunkel der Nacht angestellt werden, welche Lagebewertungen, welche schwindelerregenden Möglichkeiten die Feldherren und die Experten flüsternd diskutieren, ebenso wie es Mann und Frau im nächtlichen Schlafzimmer tun: Was wird werden?« Die Sehnsucht nach Gewißheiten, der oft verzweifelte Wunsch, im Verläßlichen zu leben: sie kennzeichnen israelische Wirklichkeit – eine Wirklichkeit, der Amos Oz auf eigene, auf empfindliche und erschütternde Art Ausdruck verliehen hat.
Es ist klar: wo die Realität zu wünschen übrig läßt, da wachsen Träume, blühen Visionen. Sie entstehen wie von selbst, sie sind Antwort, sie sind Gegenentwurf, sie sind aus Notwehr geborene Korrekturmodelle für ein annehmbares Dasein. Was ihnen zugrundeliegt, ist das Eingeständnis: So kann es nicht bleiben; und was von ihnen ausgeht, ist ein Plädoyer für Veränderung, ist eine Überredung zum Wandel. Auch wenn wir wissen, daß die Träume scheitern, die Visionen nie einlösbar sind – wir riskieren es wieder und wieder, sie einer ungenügenden Wirklichkeit entgegenzusetzen, ähnlich wie die handelnden Personen im Werk von Amos Oz, seine Lehrer und Kibbuzniks, Agenten, Angestellten, seine Aussteiger, Studenten und weltberühmten Gelehrten. All diese von der Reali-

tät enttäuschten Zeitgenossen scheitern nicht allein deshalb, weil ihre Träume zu monumental sind, sondern weil es in der grundsätzlichen Beschaffenheit der Träume liegt, zu zerfallen, sobald sie verwirklicht werden. Der große Geschichtenerzähler Amos Oz beweist es uns mit den epischen Berichten aus seinem Land, aus Israel.

Doch schon sein Großvater, der aus Odessa stammte, gab ein Beispiel dafür, daß es sich ohne Träume nicht leben läßt, ohne den phantastischen Entwurf, der die Realität zurückweist. Im fernen Odessa schrieb er Gedichte auf Jerusalem, sentimentale, süße Gesänge, wie Amos Oz erzählt, in denen eine Stadt gefeiert wird, in der »die Straßen mit Smaragden gepflastert sind und Engel an den Straßenecken herumstehen.« Er schrieb auf russisch. Als es ihn dann selbst nach Jerusalem verschlug, als er sich der Wirklichkeit der heiligen Stadt ausgesetzt fand, fragte ihn sein Enkel, ob es nicht an der Zeit sei, sein Bild von Jerusalem zu korrigieren. Der alte Dichter war empört: »Was zum Teufel weißt du über das echte Jerusalem«, entgegnete er, »das echte Jerusalem ist das meiner Gedichte!«

Israels Träume sind aus Sorge, aus Not, aus Angst geborene Träume. Was sie erklärt, ist die jahrtausendealte jüdische Geschichte mit ihren Zeugnissen von Leiderfahrung und Exil, von Hoffnung und Tränen, von Sehnsucht und endlicher Sicherheit. Denn Jude sein, so heißt es in »Black Box«, »das bedeutet einstecken und durchstehen und unverwandt weiterschreiten auf unserem uralten Pfad. Das ist die ganze Tora auf einem Bein: sich überwinden und durchstehen. Und auch sehr gut begreifen, weswegen das Leben dich geschlagen hat...« Einmal, im Kibbuz Hulda, sagte mir Amos Oz: »Wenn du Israel verstehen willst, wenn du die Seele des Landes wirklich erfahren willst, dann geh nachts durch die Straßen. In der sommerlichen Hitze der Nacht schlafen viele Leute auf ihren Balkonen. Wer still geht, hört sie in ihren Angstträumen seufzen und stöhnen und wimmern, sie träumen in mehreren Sprachen, überwältigt von Vergangenheiten, die nicht aufhören wollen.«

Auch seine eigene Familie, die aus Rußland und Polen stammt – überzeugte, kosmopolitisch denkende Europäer –, blieb nicht verschont von den Delirien der Zeitgeschichte, mußte, Wahn und Gewalt weichend, auf den »uralten Pfad«, der Rettung, der Überleben versprach. Amos Oz' Vater, ein namhafter Literaturwissenschaftler, der sechzehn europäische Sprachen beherrschte, wurde nicht, wovon er träumte – Professor an der Hebräischen Universität –, doch er fand eine Stelle als Bibliothekar in Jerusalem. Die Bücher, die er schrieb, werden mit Hochachtung genannt. Hier, in dieser Stadt der Könige und Propheten, der

Weltverbesserer und Schmerzensmänner wurde Amos Oz geboren, und wann immer er sie beschreibt: erstaunlich oft stellt er sie im Regen dar, nur selten beschwört er sie in ihrem einzigartigen Licht: »Jerusalem, das Wunschziel vieler Generationen in den dunklen Tiefen der Diaspora.« Es hielt ihn nicht sehr lange in seiner Stadt. Schon in jungen Jahren – als Fünfzehnjähriger – verließ er sie und ging in einen Kibbuz; dieser Entschluß stellte wohl eine Rebellion gegen das intellektuelle Elternhaus dar, gewiß wurde er aber auch durch das leidenschaftliche Bedürfnis nahegelegt, in einer solidarischen Gemeinschaft an der Kultivierung des Bodens teilzuhaben. »Die Wüste und das trockene Land sollen sich freuen, die Steppe soll jubeln und blühen. Denn in der Wüste brechen Quellen hervor, und Bäche fließen in der Steppe.« Diese Vision eines alten Kibbuz-Sekretärs veranschaulicht die Begeisterung des Aufbruchs. Für viele Jahre blieb der Kibbuz der Ort für Amos Oz. Hier begann er zu schreiben, zu veröffentlichen, hier unterrichtete er, hier formulierte er seine Erwartungen an den Schriftsteller. Und hier, so schrieb er in seinem »Brief aus Arad«, entdeckte er auch eines Tages besondere Schuldgefühle gegenüber denen, die gepflügt und gemolken und Äpfel gepflückt und sich damit ihr Mittagessen verdient hatten, während er gerade anderthalb Zeilen geschrieben und sechs Zeilen vom Vortag gelöscht hatte: das vorübergehende Dilemma des Schriftstellers in einer körperlich hart arbeitenden Gesellschaft. Ich sage: vorübergehend, denn in seinem Werk hat Amos Oz – bildhaft und bezwingend wie Heinrich Heine – die Bedeutung bestätigt, die die Literatur seit jeher für einen Juden gehabt hat: »Unsere Pyramiden«, sagte er einmal, »sind aus Büchern errichtet.«

In dem imponierenden, dem sprachmächtigen Werk von Amos Oz hat mir manches zu denken gegeben; ganz besonders aber die dargestellten Entscheidungsnöte von Menschen, die sich dem Zwang ausgesetzt sahen, ein neues Leben zu planen. Gewiß, sein Werk spiegelt sehr viel mehr: es zeigt die Spannungen und Gefährdungen der israelischen Gesellschaft, es zeigt die Krisen, die hochgestimmten Aufbrüchen folgen, es begründet den Antagonismus zwischen Kollektiv und Individuum und stellt die Frage, ob Kriege auch vergebens gewonnen werden können. Mich aber berührten immer wieder die Situationen, in denen der Autor seine Personen dahin bringt, ein neues Leben zu planen. Wo ein neues Leben geplant wird, geplant werden muß, möchte man das verflossene wohl als vergangen, als mißglückt und überholt ansehen. Aber ist das möglich? Kann man sich von einer Vergangenheit amputieren? Kann man, den neuen Lebensentwurf im Blick, den bedrückenden Fundus der Erfahrungen übergehen? Amos Oz gibt uns zu verstehen, daß gewisse Vergangenheiten nicht enden, und daß eine übermächtige Gegenwart Einspruch erhebt gegen allzu bedenkenlose Pläne. Seine erfundenen Personen, die sich verheißungsvolle Ziele wählen, werden irgendwann zurückverwiesen auf die Forderungen einer unbarmherzigen Wirklichkeit, zu der die Komplexität des alltäglichen Lebens ebenso gehört wie die permanente Bedrohung durch den Feind an den Grenzen. ». . . denn hier ist doch alles Heer und Militär«, heißt es im »Perfekten Frieden«, »das ganze Volk Armee, das ganze Land Front.« Dennoch – und vielleicht gerade darum – hören sie nicht auf, ein neues Leben zu planen – vor allem die Jungen, die sich vom Enthusiasmus und der Ausdauer der Gründerväter kaum noch verpflichten lassen.

Die Wirklichkeit hat verschiedene Aspekte, kann verschieden ausgelegt werden; nicht interpretierbar aber ist die Tatsache, daß Israel seit siebzig Jahren unter einer Todesdrohung lebt: arabische Führer haben keinen Zweifel daran gelassen, welches Schicksal sie dem Land und den Menschen bereiten möchten. Unter solch einer Drohung zu leben, kann nicht folgenlos bleiben, es beeinflußt die Mentalität, die Psyche, es nötigt zu Skepsis und Hellhörigkeit und hält die Ängste wach. Niemand kann die Tragik der Situation übersehen, zumal wenn man diese lange Existenzbedrohung Israels vor dem Hintergrund jüdischer Geschichte bewertet. Wie reagiert ein Schriftsteller auf diese Lage? Welche Forderungen stellt er – angesichts eines kollektiven Todesurteils über sein Volk – an sich selbst? Was bewirkt er, er, der auf den unterwandernden Einfluß von Wörtern vertraut, auf die Überzeugungskraft der Sprache? Amos Oz hat ein Beispiel dafür gegeben, was ein Schriftsteller tun kann, um den Frieden in einem Land zu bereiten, in dem Starrsinn, Vorurteil und Haß unentwegt Opfer fordern.

Daß er in all seinen Romanen auf das israelisch-arabische Verhältnis eingeht, ist nur selbstverständlich. Sein inständiges Werben für Verständigung ist unüberhörbar. Er, dessen Selbstversetzung in andere Charaktere oft erstaunen läßt, weist unermüdlich auf die Gottesebenbildlichkeit des Menschen hin. Er, der Erzähler, mahnt und beschwört, überredet und klagt an, wo es not tut. Keinem erspart er die Wahrheit. Geschieht etwas, das er für eine Schande hält, dann spricht er von »unserer Schande«. Wenn eine seiner epischen Personen in den Nachrichten hört, daß ein junger Araber von einem Plastikgeschoß tödlich getroffen wurde, dann läßt er sie sich über das Passiv in öffentlichen Verlautbarungen ereifern. Und wenn eine andere Person erfährt, daß ein Kibbuzmitglied von einem Araber erschossen wurde, dann quittiert sie diese Tat mit dem Bekenntnis: Nicht die Araber sind unsere Feinde, sondern der Haß. Ihm, dem scharfsinnigen Beobachter, bleibt bewußt, daß die Selbstbeschuldigung zum jüdischen Wesen gehört – im Unterschied, wie er feststellt, zu deutscher Art, denn hierzulande wird die Schande vornehmlich als eine Sache der anderen angesehen. Amos Oz zögert nicht, seinen Landsleuten Selbstgerechtigkeit gegenüber den Arabern vorzuwerfen; andererseits weist er die Araber darauf hin, daß sie sich darin gefallen, ein von Vorurteilen verdunkeltes Bild Israels zu pflegen. Seine Bücher sind auch Einladungen zu einem Erkenntnisprozeß: gemeinsam sollten beide Seiten zunächst versuchen, einander sehen zu lernen – ohne Trugbilder, ohne Ideologie.

Der Schriftsteller weiß selbstverständlich, daß die Wirkung von Literatur unkalkulierbar, nicht abrufbar ist, daß sie weder auf ein Losungswort hin Kräfte mobilisieren noch auf eine Parole hin Politik beeinflussen kann. Von der Notwendigkeit überzeugt, den israelisch-arabischen, aber zunächst einmal den israelisch-palästinensischen Konflikt auf friedliche Art beizulegen, gründete Amos Oz mit Gleichgesinnten die »Peace now«-Bewegung. Diese Bewegung ist, wie er selbst sagt, keine Partei, sondern eher eine Stimmung, die mit ihrer Aktualität wächst oder schrumpft. Illusionslos, pragmatisch, begleitet vom Protest der Falken treten ihre Mitglieder, die fast alle einmal in einem

Krieg kämpfen mußten, dafür ein, Frieden mit den Palästinensern zu schließen. In der Gewißheit, daß auch die Palästinenser im Herzen den Wunsch nach Frieden hegen, setzen sie jeder extremistischen Politik ihr Konzept einer Zwei-Staaten-Lösung entgegen. Sie, die »peaceniks«, wie Amos Oz sie nennt, befürworten ausdrücklich die Souveränität und Nationalstaatlichkeit Palästinas – allerdings nur um den Preis verläßlicher Sicherheitsgarantien. Wer durch Blut und Feuer mußte, hat wohl keine andere Wahl, als auf einem durch Garantien gesicherten Frieden zu bestehen, noch bevor man sich darum bemüht, Vertrauen zu schaffen. Vertrauen, sagt Amos Oz – und seine und die Erfahrungen seiner Landsleute nötigen zu dieser Feststellung –, Vertrauen ist ein wünschenswertes Resultat des Friedens, doch was am Anfang stehen muß, ist ein Friedensvertrag, der ja nicht zwischen Freunden, sondern zwischen Feinden ausgehandelt wird. Über den Inhalt eines möglichen Friedensvertrags besteht Einmütigkeit unter den Friedensaktivisten: die nationalen Rechte der Palästinenser werden grundsätzlich anerkannt; die Besiedlung der besetzten Gebiete wird beendet; Land wird zurückgegeben für den Preis solider Sicherheit. Ins Bild gefaßt: es muß eine faire, eine nüchterne Scheidung sein wie nach einer gescheiterten Ehe, und da man nicht über beliebige Möglichkeiten verfügt, muß die Wohnung geteilt wer-

den. Mit seinem Gespür, das sich Amos Oz als »Spezialist für vergleichenden Fanatismus« erworben hat – ein Titel, den er sich achselzuckend selbst gegeben hat –, sieht er die Zeit für Verhandlungen gekommen. Auch wenn der arabische Fundamentalismus manche Erwartungen beeinträchtigt: die von etlichen arabischen Staaten geäußerte Bereitschaft zur Koexistenz mit Israel rechtfertigt gewisse Hoffnungen. Auf Versammlungen und Demonstrationen, in Artikeln und Aufrufen nimmt dieser Schriftsteller das Wort, um für seine Konzeption eines gewaltlosen Zusammenlebens zu werben – Initiativen unterstützend, die dem Frieden förderlich sind, zornig protestierend, wenn Gewalt zu eskalieren und ein neuer Krieg auszubrechen droht. Unbeirrbar, gefaßt auf Widerspruch, ehrsam umstritten, wie es für einen Rufer wie ihn unausbleiblich ist, geht er seinen Weg. Politiker zu werden: dafür hält er sich nicht für qualifiziert genug, denn er könnte niemals »no comment« sagen.
Über seinen Friedensbegriff läßt Amos Oz, der selbst in zwei Kriegen kämpfte, kämpfen mußte – im Sinai und auf dem Golan – keinen im unklaren. Manche einäugigen Friedensschwärmer werden wohl aufhorchen, wenn sie erfahren, daß er sich nicht für einen Pazifisten hält und daß er, um es überspitzt zu sagen, nicht bereit ist, gewaltsam für Gewaltlosigkeit in jeder Lage einzutreten. Wer

einmal verurteilt war, mit dem Rücken zur Wand zu kämpfen, kommt wohl oder übel zu eigenen Schlußfolgerungen. Und so bekennt er: »Während die deutsche Friedensbewegung behauptet, daß der Krieg das absolut Böse ist, sage ich als Angehöriger unserer Friedensbewegung, daß Aggression das absolut Böse ist; während die europäische Friedensbewegung behauptet, daß alles, wirklich alles der Gewalt vorzuziehen ist, behaupte ich, daß eine Einzelperson oder ein Land, die unter allen Umständen Gewalt vermeiden wollen, Gewalt heraufbeschwören.« Ein Friedenskämpfer, der bereit ist, die Waffe in die Hand zu nehmen? Allerdings, doch niemals, wenn es um nationale Interessen geht, um Gebietsansprüche, um Prestige oder Ressourcen. Der Kampf ist nur das letzte Mittel, auf das man zurückgreift, wenn es um Leben und Tod der eigenen Familie geht, oder wenn das eigene Volk versklavt zu werden droht. Leben und Freiheit: nichts unterhalb dieser Schwelle, sagt Amos Oz, könnte mich oder meine Mitstreiter in der Friedensbewegung dazu bringen, zu kämpfen. Kann einer weiter gehen in seiner Friedenswilligkeit? Kann einer mehr einbringen, zumal wenn er die Parolen arabischer Politiker vernehmen muß, die dazu auffordern, die Juden ins Meer zu treiben?

Wie ich Amos Oz verstanden habe, beweist sich Friedensfähigkeit auch in der unbedingten Bereitschaft zum Kompromiß. Geben, um zu behalten; verzichten, um zu bewahren; entgegenkommen, um sich zu einigen: mit allem, was er einschließt, bietet der Kompromiß eine Hoffnung auf realistische Lösungen. Die Versteifung aufs Absolute ist keine Alternative. Forderungen, die im Namen des Absoluten gestellt werden, haben noch jedesmal eine furchtbare Schreckensspur in der Welt hinterlassen. Auch deshalb hört der Schriftsteller nicht auf, beredt für den Kompromiß zu werben, für die zwar naheliegende, doch aus Starrsinn verschmähte Einigungsformel, zu der die Vernunft rät. Partei zu nehmen, sich einzumischen in öffentliche Angelegenheiten ist etwas Selbstverständliches für ihn; jüdische Tradition verlangt es sogar.

Es ist klar, daß im Werk eines israelischen Schriftstellers der Gegenwart von Deutschland die Rede sein muß. Wer nicht gelitten hat, hat nicht gelebt, heißt es in einem frühen Roman von Amos Oz, und als Bewahrer und Erinnerer hat der Schriftsteller keine andere Wahl, als durchlebtes Leid aufzuheben. Er kann es nicht übergehen, wenn er die Menschen seines Landes in ihrer Eigenart darstellt. Als traumatische Erfahrung wirkt das Leid fort: es erklärt Obsessionen und Weigerungen, es begründet die Gebrochenheit eines Charakters, es macht die Sehnsüchte und die schweren Träume verständlich. Immer wieder – und wir sind nicht überrascht – begegnen wir in diesem Erzählwerk Menschen, die, wenn sie ihre Biographie überdenken, nach Deutschland blicken müssen; denn hier liegt der Erklärungsgrund für unfaßbares Schicksal. Hier liegt die Antwort auf verzweifeltes Fragen. Hier stößt sich die suchende Erinnerung immer von neuem wund. Vielfältig sind die Lebensäußerungen und Erfahrungen, die unwillkürlich auf Deutschland verweisen; sie tun es bereits, wenn eine alte Frau ein mangelhaftes Hebräisch mit polnischem Akzent spricht, und sie drücken sich in der selbstverständlichen Achtung aus, die man einem Überlebenden des Holocaust entgegenbringt. Beiläufig manchmal, doch unüberhörbar zeigt Amos Oz, welch eine unerbittliche Nähe zu Deutschland besteht, welch eine Verantwortung Deutschland hat für die Existenznot vieler Menschen in Israel. Und da es so ist, kann es nur eine Konsequenz geben: die Existenz des jüdischen Volkes ist auch ein deutsches Problem. Gewiß sind wir verpflichtet, uns gegen jede genozide Politik aufzulehnen, gleich, wo in der Welt sie erkennbar wird, doch wenn die Existenz Israels bedroht ist, sind wir es in besonderem Maße. Unsere Erbschaft läßt uns keine Wahl.

Der Erzähler Amos Oz klärt uns darüber auf, daß es im Hebräischen kein Äquivalent für das Wort »Glück« gibt; es gibt das Wort »Freude«, aber keine Entsprechung für »Glück«. Diese Tatsache, scheint mir, trägt in nicht unerheblichem Maß zum Verständnis seines bewundernswerten Werks bei. Hier nämlich erzählt einer, der, bedrängt von Wirklichkeit, auch selber verstehen möchte, warum es den Menschen so oft mißlingt, Frieden bei sich selbst zu finden. Er stellt sie mit ihren Idealen vor; teilnahmsvoll – oder jedenfalls mit Langmut – schildert er ihre Versuche zur Selbstbefreiung aus unerträglicher Lebenslage, er verschafft ihnen eine Gelegenheit zur Erkenntnis und läßt sie scheitern – an ihresgleichen oder an sich selbst. Was den Erzähler in ihm weckte, sagt Amos Oz, war immer das menschliche Elend, die Einsamkeit, der Verlust von Illusionen, das Scheitern. Im Spektrum seiner Romane spielen deshalb Abschiede eine wesentliche Rolle: Abschiede von der Gemeinschaft des Kibbuz, Abschiede von Grundsätzen oder einem einst geliebten Partner. Das ist kennzeichnend für seine Protagonisten: sie sind fast alle auf der Suche nach Sicherheit und Liebe; Liebe inspiriert ihre Handlungen, Liebe führt sie auf Irrwege; der Verlust von Liebe kommt mitunter einer Lebensgefährdung gleich. Was zum Schluß bleibt, ist häufig genug ein Rückzug auf sich selbst.

Aufschlußreich, was dieser souveräne Erzähler über die Entstehung einer Geschichte sagt. »Wenn ich in voller Übereinstimmung mit mir selbst bin«, so erläutert er, »gleichgültig, um was es sich dabei handelt, um einen Teil des Lebens oder den Aufbau des Landes, dann schreibe ich einen Artikel. Wenn ich jedoch auch nur ein bißchen ambivalent bin, wenn ich mehr als eine Stimme in mir habe, wenn ich mehrere Seiten, drei, vier, oder fünf in mir spüre, dann kann diese Widersprüchlichkeit, die Verschiedenheit der Stimmen zum Embryo einer Geschichte werden. Vielleicht können die verschiedenen Stimmen zu verschiedenen Charakteren werden, und wenn es Charaktere gibt, dann geraten sie in Konflikte, und die Konflikte ergeben Handlung.« Diese knappe Genealogie einer Geschichte wird durch Wahrnehmung beglaubigt: Leben behauptet sich zwischen Hinneigung und Abwehr, Spruch und Widerspruch, Zustimmung und Zurückweisung.

Doch welcher Art sind die Konflikte, die der Erzähler austragen läßt? An welchen Personen stellt er sie im einzelnen dar? Um dies deutlich zu machen, ist es wohl unerläßlich, einige seiner Romane zu nennen, die facetten- und metaphernreich ein authentisches Bild israelischer Wirklichkeit vermitteln. In »Black Box« werden sozusagen die Absturzursachen einer Ehe aufgeklärt: Alexander Gideon, ein Gelehrter, der mit einer Studie über »Vergleichenden Fanatismus« internationales Ansehen erworben hat, setzt sich in weitläufigen Korrespondenzen mit seiner geschiedenen Frau auseinander. Hart und abweisend nach außen, nachgiebig und keinesfalls gefühlsarm im stillen, bringt er seinen eigenen, seinen problematischen Charakter zum Vorschein. Da seine ehemalige Frau, die auf eine »Erlösung durch Liebe« wartet, mit der Erziehung ihres gemeinsamen Sohnes nicht fertig wird, bittet sie den großen Gelehrten um Hilfe, und die lange andauernde Hilfeleistung für den Sohn Boas wird für manche der Beteiligten zu einem Rollenspiel mit fragwürdigem Resultat: sie demaskieren sich als selbstgefällige, als begehrliche, als machtbesessene Individuen, die signalhaft zeigen, daß es einen Dialog in der Gesellschaft kaum noch gibt.

An Jonathan Lifschitz, dem Protagonisten aus »Der perfekte Friede«, stellt Amos Oz nicht allein den Generationskonflikt dar, sondern macht auch deutlich, an welche Grenzen der Aussteiger gerät, der den Verheißungen von Luftspiegelungen folgt. In der bedrohlichen Schönheit der Negev-Wüste, gestreift von der Erfahrung der Todesnähe, erkennt Jonathan, daß das Leben, das ihm angemessen ist, doch nur in seinem Kibbuz zu finden ist, in einer von Einengung und auch Bevormundung gekennzeichneten Gemeinschaft, die mittlerweile auch alte Pioniere für überprüfenswert halten.

Ein Opfer ihrer Träume und unangemessenen Erwartungen ist Hannah, die Hauptfigur des Romans »Mein Michael«. Sie, die Literaturstudentin, heiratet einen sachlichen, auf seine Karriere bedachten Studenten der Geologie. Während der ersten Schwangerschaft bricht sie ihr Studium ab, flüchtet sich in Krankheiten, verfällt in Depressionen – der Krieg und die Situation des Landes bekümmern sie nicht. Sie glaubt erkannt zu haben, daß sie um ihr Leben betrogen wurde; was ihr bleibt, sind ihre Phantasien, in denen sie unter anderem die arabischen Zwillingsbrüder beschwört, mit denen sie als Kind gespielt hat. Ihnen fühlt sie sich so verbunden, daß sie sie – träumend – mit einem furchtbaren Auftrag betraut.

Viele der Werke von Amos Oz verdienen es, noch genannt zu werden: »Keiner bleibt allein« zum Beispiel, ein Roman, der die menschlichen Konflikte in einem Kibbuz spiegelt, in einer Welt, in der der Traktor mit Panzerplatten verkleidet wird, in der ein Melker nachts Hegel und Saint-Simon liest, und in der sich die Probleme genossenschaftlichen Lebens wie zwangsläufig zu erkennen geben. Oder »Eine Frau erkennen«, ein Buch, in dem ein Geheimagent des Mossad erfährt, wie Vergangenheit die Gegenwart durchdringt; und schließlich und nicht zuletzt »Der dritte Zustand«, dies Meisterwerk über den politischen Theoretiker Fima, der, ähnlich wie Pascal, »Gewöhnung als den Beginn des Todes« ansieht, und der sein Dasein rechtfertigt, indem er alles und jeden leidenschaftlich korrigiert.

Umfangreich ist das Werk von Amos Oz. In seinen

parabolischen Geschichten, in seinen luziden Essays finde ich eine Diagnose der Gegenwart. Mit Erbarmen und Erbitterung, mit Trauer, Scharfsinn und abgründigem Humor erzählt er von Menschen, die dazu verurteilt sind, die Rätsel und Widersprüche des Lebens auszuhalten. Dabei bringt er die Gründe zum Vorschein, die uns unfriedlich sein lassen, und indem er das tut, verweist er zugleich auf eine Möglichkeit des Friedens.

SIEGFRIED LENZ

Werkausgabe in Einzelbänden

Band 1
Es waren Habichte in der Luft · Roman

Band 2
Duell mit dem Schatten · Roman

Band 3
Der Mann im Strom · Roman

Band 4
Brot und Spiele · Roman

Band 5
Stadtgespräch · Roman

Band 6
Deutschstunde · Roman

Band 7
Das Vorbild · Roman

Band 8
Heimatmuseum · Roman

Band 9
Der Verlust · Roman

Band 10
Exerzierplatz · Roman

Band 11
Die Klangprobe · Roman

Band 12
Die Auflehnung · Roman

Band 13
Erzählungen I · 1949–1955

Band 14
Erzählungen II · 1956–1962

Band 15
Erzählungen III · 1964–1975

Band 16
Erzählungen IV · Seit 1984

Band 17
Schauspiele

Band 18
Hörspiele

Band 19
Essays I · 1956–1976

Band 20
Essays II · Seit 1977